蘇絢慧

完美情人不存在

從愛戀關係的
內在陰影和心理投射中覺醒，
破除愛情幻覺

自序——

如果是愛情，為何我們還是寂寞？

人，因為害怕孤單，所以渴望愛情。然而，越是因為害怕孤單，渴求愛情的降臨，來拯救空虛及乏味的自我，那求來的結果，往往卻是越寂寞。

「為什麼我們愛得那麼累？為什麼愛常讓我們傷痕累累？」現代人們心中，對愛情的感覺，是如此地又愛又怕，既期待又恐懼受傷害。

說到愛情，你最早最早對愛情的想像和渴望是什麼呢？是從童話故事所建構的有情人終成眷屬的幸福快樂版本，還是從浪漫唯美到完全失去現實感的偶像劇裡，得來的絕美想像？

無論那最早的完美愛情概念是從何而來，我們終究都逃離不了現實世界的殘酷打擊。所有的人性，都必然具有醜陋的一面、黑暗的一面，即使在愛人們充滿愛意的心窩裡，仍是藏有人性的嫉妒、怨恨、敵意、欺騙、冷漠及暴戾存在。

其實不是愛情太複雜，而是人性太複雜。人性的複雜，來自天生的基因和後天的塑造，還有那再也說不清楚的生活經驗，對一個人的衝擊和影響。而在一個人身上，不只有來自父親家族的基因，還有來自母親家族的基因，同時，這兩者（父、母親）的結合，為這一個人帶來了足以影響一生的兩性關係經驗，以及情感依戀的模式。

很多情況的發生及演變，在我們尚未清楚意識到它發生之前，它已經發生。像是對愛相不相信？對自己的存在有沒有安全感？另一個人的存在是不是可以信任的？我會不會被拒絕和討厭，甚至被拋棄？

這些問題，在我們很小很小的時候，都已經發生，但我們不知道，照顧我們的大人也不知道，所以並未留意，但這些問題卻在我們開始感覺到愛情敲門之後，陸陸續續地引發，像是深埋在心裡某處的未爆彈，不停地被觸發，不停地被引爆開來，稍不留神，就被炸得粉身碎骨。

在我親身走過愛情戰役，也聽見許多人在愛情關係中的心碎故事，我開始意識到「愛情」其實是起源於一場幻覺，這個幻覺是一個自小渴望完全被愛的孩子心靈，所投射出來的完美理想愛情想像，期盼有那麼一個完美情人，義無反顧，無比忠貞地「永遠」不背離我、不嫌棄我、不拋棄我，給我最無條件的接納和完全無失誤的照護。在方方面面，這個完美情人都有著比我更大的胸懷、更高雅的氣度、更安穩的情感，給予我最有安全感的依靠和愛的保證。基本上，就是被一個神般的人，愛著、恩寵著。

這樣說來，只要有現實感，也明白這個真實世界是怎麼一回事的人，就知道這些天真幻想的滑稽感和不切實際之處在哪。可是，我們幾乎都是從這樣單方面的想像和天真中，去虛構愛情的模樣，然後，在真實帶些殘酷的愛情戰役中，學會因應、調整、明白，學會在每一次的經歷中，試著理解究竟愛情是怎麼一回事兒。

這一本書，是我回應許多男男女女在愛情起落中的震驚與疑惑，為何相愛容易，相處卻這麼難？為什麼明明愛情的開始是這麼甜美，為何後來卻如此猙獰？而如果相遇是因為愛情，為何在愛情裡頭的我們，卻會那麼寂寞？

這些情感問題的大哉問，在我們的社會人人都在談論，也不乏有許多知名人士提出許多見解，我也試著以我的心理觀點，及協助一些在愛情中受傷的人，從驚恐中慢慢心理回魂的經驗，提出我對現代愛情問題的解析及看法。

而能夠成書出版，首先要謝謝《皇冠雜誌》於二〇一七年二月，開闢了一個專欄，邀約我執筆。我以當時我所關注的兩性情感現象及有興趣的主題，開始了我為期一年的專欄寫作，這本書的雛形就是發表在這專欄裡的文章。我以《完美情人不存在》的名稱，來傳達我所要表述的一個觀點：每個人都不完美，當然也不會有完美情人。而我們無論怎麼面對這個現實社會，卻還是無法放棄對完美情人的期待，甚至開啟一段段如輪迴般的愛情遭遇，這當中的原理，有非常多層面是始於壓抑於潛意識裡的心理創傷及早年陰影。所以，在這個專欄裡的文章，我探討在愛戀關係中，許多可能性的心理投射和心理議題。

因為這些文章的發表，謝謝皇冠文化進一步地邀約我，擴展此專欄的主題，以出版一本完整的書的形式，讓我的書寫脈絡及所欲傳達的心理觀點能更充分、更盡興。

在愛情海中浮浮沉沉，墜足吃苦，驚嚇不安，靠不上岸的人何其多？然而，那未必是旁人救得了的，許多時候救贖要先從願意自救開始。也就是，在愛戀的苦痛中，先願意保全自己，不把自己推向毀滅邊緣，我們才能真的自救，往自我療癒的方向求生。在這過程，除了學習了解自己的真實處境、調解自己的狀態，也要帶動自己一步步地靠近救援的資源，幫助自己脫離險境，找回平穩安康。

如今，見到這一本書的成形，能被廣為接觸和閱讀，很是喜悅。特別是能讓在愛戀中受苦驚慌的人，有些通道探知人性的詭譎、了解關係中的彼此交互作用，也更多地覺知內心的真實自我，這是我希望此書能有所貢獻的地方。

在愛戀的路上，我們最終都要能夠洞察——愛是從自己內在而生的真理。外求的愛，甚至控制強迫而來的愛，都容易讓我們處於依賴狀態，這並不會讓我們真實感受到愛，也無法因此就深信自己生命的美好及價值。很多時候，外求和強迫得來的愛戀關係，反而來自我們內在情感缺失的瘡疤和傷痛，如果，我們能有所覺知，從中瞥見一個連自己也不愛的「我」，或許這就是愛情（關係）的意義之一，讓我們無論經歷了關係中的什麼歡喜悲傷，我們都要在愛情的依戀中，真正地與自己相遇，學會接納一個不完美的自己，試著成為自己最義無反顧的支持者及關愛者。

願你在愛戀的遭逢中，情感的修練能越來越成熟自在，也越來越通達這些愛的功課：無論是自愛，還是愛人。

閱讀須知

本書所有故事人物及情節，皆為化名及經過編寫，非指向任何人的隱私及經歷。

目次

完美情人在哪？

愛情關係，照映內在心理陰影的一面鏡子。

不需懷疑，我們都沒有完美的愛情經驗，也不會擁有完美的情人。在愛情的經驗中，誰都會跌個幾次，輕者像是踩到屎，稍微滑了一跤，重者則像高樓摔下，扭筋斷骨。

但為什麼總要跌？總會摔呢？因為我們對於愛情的理解，失誤太大。

對愛的體驗，根源是母愛

愛情，是我們進入親密關係的入口，經由愛情，我們體會也學習，如何和另一個人發展親密且信任的親密關係。這是我們發展為「成人」，需要的一種連結，及一種私密性的情感需求。我們希望在這專屬的親密關係中，感受到愛、呵護、關心、支持、信任、體貼及滿足。如此，讓我們在這世界奔跑時，無後顧之憂，且有了極大的能源動力。

然而，這種對愛的渴望及需求，最早的經驗，是從母體而來，我們希望媽媽，讓我們感受到呵護、照顧、體貼、支持，及無條件的愛。

但是，這是極為困難的。媽媽這個「人」，並非是完美的，她有自己的個性、情緒、脾氣、限制、喜惡價值觀點，也有她自己的私心，因此，在互動及獲取關注的同時，孩子就難免經歷失望、失落、挫折，也會感到受傷。孩子時期的我們，不完全理解「人」是什麼，不明白媽媽也不過是個「人」，在單一偏頗的視框下，孩子會感受及認為在自己所愛的母親身上，有另一個「壞媽媽」的存在（這也就是為什麼孩子遇到與媽媽之間的挫折及失落時，就會說：妳是壞媽媽，我不要壞媽媽……），於是，孩子驚嚇、無助、不知所措，就像童話裡的故事，王子、公主，總會遇見可怕的巫婆。

對母愛的失落及失望

當我們開始意會到，自己的媽媽，不是我們渴望的「完美好媽媽」時，我們內心難以撫平的空虛和渴望依賴卻得不著的缺洞，則不斷幻想會有一個「完美好媽媽」出現，給我們無條件支持及足夠的溫暖，愛及無盡的包容，會給予受傷的心靈，最全然的拯救。

但是「壞媽媽」出現了，怎麼辦？我們排拒、抗爭、封閉、厭惡，我們逃……

這些經驗，在長大後，不知不覺地進入到我們的成年的伴侶關係，這個原本該為我們帶來親密交流、安全靠近的對象，我們卻不自覺地投射過去早年與母愛之間的情感糾葛經驗，複製在這段親密關係上。期待著心中想要的那個「完美好媽媽」，就在伴侶身上出現，撫慰我們受過傷的感受，完整我們曾經破碎的心靈。卻意外地發現，可怕的「壞媽媽」竟然也在伴侶身上，如夢魘般，糾纏著我們。

在關係中的挫折與沮喪

免不了的，我們驚慌、挫折、沮喪，以為是不是自己不夠好，不值得被愛，不值得受到關注，也不值得可以被全心全意對待，才會再次經驗到童年時讓人想逃離的「壞媽媽」，竟又幻化為我們的伴侶，對我們切割、背叛、拒絕、冷漠……著實可怕，讓我們的內心，再次感受到痛苦、拉扯，及恐懼，想要立刻地逃跑、撤離。

怎麼會這樣？為什麼擺脫不了童年經歷到的驚嚇及痛苦呢？為什麼長大後，在關係裡，總是重複這些可怕的遭遇：數落、攻擊、挫折、威脅、控制？

我們毫不遲疑地用內在的自動反應，解讀關係中的對方和自己：對方究竟在做什麼傷害我的事？為什麼總是我要承受這些？卻從來沒有真正地了解對方和聆聽彼此，在這一段關係中，我們各自在過往的歲月裡，經歷了什麼內心的挫折和沮喪、焦慮和無助？我們各自在關係中，投射出怎麼樣的情感傷痛及未滿足的失落？

曾經在母愛關係中的失望和挫敗，根深蒂固地深植在我們內心深處，我們從來沒有忘卻那份痛苦的感覺，也無法真正地釋懷，母愛的若即若離，及似有似無。無數的日子裡，我們像落難的公主或王子，被囚禁在暗無天日的牢籠裡，等待著拯救和圓滿我們人生的王子、公主出現。

對許多人而言，或許，象徵王子、公主的人出現了，然而，克服及面對不了的仍是進入關係，長期相處之後，在對方臉色和口語裡，看見一個被否定，遭遇漠視、輕視、冷漠，和殘忍對待的自己。那曾經是在原生家庭關係裡、在母愛關係裡，所經歷到的否定、漠視、輕視、冷漠，和殘忍。如今，它們再度回到生命裡，透過你以為是來愛你的人，再度兇殘地刺傷了你。

擺脫不了的命運？

你或許好疑惑，為何命運，就是離不開某些情節，像是輪迴一般。你可能很難相信，這些不懂如何愛你的人，再度讓你傷痕累累的人，是你召喚來的。因為你無意識中，很想要相信自己值得被愛，很想要修復你心中的傷，但同時，你根本不相信自己真的值得擁有愛。你會想，怎麼會這麼矛盾？是的，就是如此矛盾，要符合如此矛盾的設定，就是找來一個讓你以為會愛你的人，然而漸漸的，你卻發現他其實並不懂得如何愛你。

當你不懂自己的價值，也不懂如何愛自己，就不會懂自己需要的愛是什麼形式和面貌。你只是以童年的傷痛和心理陰影，去尋找一個可以補洞的人，卻不是在已經知道自己真正需要的、適合的生活和伴侶是什麼的前提下，為自己分辨出這一個人。

於是，在你還未覺醒真正地認識自己之前，也未深刻地發覺你只是不斷地像輪迴一樣，讓自己無明地進入許多相似的情節、相似的關係、相似的結局之前，你就像一次一次更加凋零的玫瑰，感受不到愛的滋潤，只剩空虛和耗盡的靈魂。

解脫之道

你成為想要的自己，才可能真正地擁有一段你想要的關係；你深信自己生命的價值，有對自己的自信，你才能為自己做出肯定自己價值的情感選擇。

而在這一領悟的時刻來到之前，我們在關係裡的摔落及挫折，正是為了帶領我們走向完整療癒自己的方向，整合那些內在的情感創傷和心理的陰影的過程。

只有你願意面對真實的自己，你才能面對真實的關係，及真實的另一個人。不再充滿幻想式的期待，不再自顧自地編織某些夢幻的劇情，才不會離真實越來越遙遠。你越幻想，越脫離現實，越拒絕真實，你就會永無止盡地掉入同一個迴旋圈，怎麼也無法腳踏實地。

承認也接納一個不完美的自己，同樣的，承認也接納不會有完美的情人、完美的關係，然後真切實在地從關係裡，看見自己的內在陰影及缺乏，從自己開始療癒起。

為何你無法放棄期待完美情人？

對完美情人的渴望，就如對完美乳房的渴求，巴不得永不消失地滿足自己。

人，很難真正終止幻想完美情人的存在，即使不斷歷經失望和挫折，但那幻想卻總是不幻滅。這真是一件很弔詭的事，顯示出人的執念，是多麼強悍地抗拒著真實。

西元一九三二年，有一本《對兒童的精神研究》著作出版，這一本書的作者，是客體關係理論與兒童精神分析的創始者梅蘭妮・克萊茵（Melanie Klein, 1882-1960）。她描述了早期嬰兒面對生存的心理狀況：脆弱，依賴成人的保護，無法理解他的周圍究竟發生了什麼。

克萊茵認為，實際上，對一個嬰兒而言，他並無法認知到周圍是各個不同而獨立的人。在誕生後的早年生命，特別前幾週中，嬰兒所知覺到的母親，其實不是母親，只是一對乳房而已。這對乳房，帶給嬰兒所需要的餵養，滿足著嬰兒的需求，讓嬰兒有著無限依戀。但是，這對乳房卻時而出現時而消失，飄忽不定，這種不可控制感讓嬰兒感受到焦慮不安，經歷到不確定、若即若離的痛苦崩潰。

當乳房（即母乳）出現時，嬰兒感到一種原始的平靜和滿足，這種感覺瀰漫著安寧、感激和親密。但當乳房因為莫名原因而消失時，嬰兒會感到飢餓、挫折、害怕，甚至因為強烈失去的痛苦，而產生攻擊動力。

無法放棄渴求的好乳房（客體）

克萊茵因此認為，這時嬰兒採取一種原始的防禦機制，以避免無法忍受的焦慮發生。這種機制就是：嬰兒將母親這個客體，視為兩個不同性質的乳房：一種是好的乳房，一種是壞的乳房。嬰兒厭惡壞乳房，想要將這種帶給自己沮喪、挫折感覺的邪惡物體咬到重傷，直至毀滅。而好的乳房，則是被仰望，認定完全的善意，且期盼永恆的存在。

這是我們對外界的存在物，產生截然分裂認定的開始。當認定為「好」的存在時，就想排除所有的壞，以完美期許視之。而當視之為「壞」時，則竭盡所能想消滅之，否定有任何好的部分存在於當中。

對一個隨著生命成長而健康發展的個體來說，這種分裂的認知會漸漸取得整合和平衡，我們終將會知道沒有所謂完全的「好」乳房，也沒有完全的「壞」乳房。無論好壞，這些都屬於媽媽這個人的一部分。若媽媽是一個完整而真實的人，那麼屬於媽媽身上的性格、情緒、感受、想法，就會影響媽媽這一個人，如何和孩子互動。

那麼，就不會有所謂完美「好」乳房的存在，這樣的嬰兒式幻想，就能透過認知現實及真實世界的存在，而落幕。接續的，是以真實的互動過程，認識彼此的完整存在，進而接觸周圍一個個完整而獨立的人。

然而，並非所有的人，都能在成長過程，發展成熟的心智。對某些在早年生活中，和母親的依戀情感，經驗過失落、匱乏、挫折、沮喪、矛盾痛苦的嬰孩來說，母親始終是一個無法被完全認知的「人」，是一個無法提供滋養、滿足、安撫、快樂的「壞」乳房、「壞」媽媽，不僅令人想迴避逃離，也令人憎惡及痛恨。

而完美的「好」乳房呢？那永恆不消失的，令人欣喜愉悅，感受到溫暖平靜的「好」乳房，一定還在某處存在，只是還未遇見，還無法擁有。若是遇見

「好」乳房，那麼所有的失落、匱乏、挫折、沮喪、矛盾痛苦，將不復存在，那是永恆的天堂，不再有悲傷、矛盾和任何痛苦情感發生。

幻想這世界存在完美的情人

這種幻想，延伸至成年後，會與戀愛的經驗相聯繫。在戀愛中，我們對完美乳房的渴望，持續地在關係中，上演著各種重要的情節。對完美情人的渴求，就如對完美乳房的渴求，巴不得永不消失地滿足自己。

在我們的戀愛史，誰都可能有著幾段關係，以這樣的嬰兒式幻想，期待著所愛戀的對象。正確來說，我們以為的「完美情人」，其實不是一個「人」，而是一個能符合我所有功能設定的「好乳房」，供應我吸吮，安撫我不安及脆弱的情感，讓我感受到無微不至的溫暖和呵護，沒有任何違背我意願的抵抗，更可以接受我完全掌控使用。

越是年輕時所談的感情，越是無法辨識出對方如同自己，也是一個完整獨立的人。無意識中，期望著對方有如永不壞掉、永不疲憊、永不令人失望的物體，照著我所要求的，及完美的期許，在這一段關係裡，存在。否則就該攻擊、企圖毀滅，並讓其消失。

於是，當兩人皆是未成長、未成熟的狀態，各自投射「完美情人版本」在對方身上，相互控制及支配的橋段，就會在兩人關係中輪番上演。然後在失望和挫折中，相互控訴對方的「壞」和「糟糕」。讓原本以愛為名所建立的愛情，演變成後來相互憎恨、數落，亟欲報復的「壞東西」。

事實上，非常多人始終不願意體認這個現實世界的存在，不想清楚地認知到所有的人，都是一個有著外在、內在，有著感受和思想的「人」。所謂好的不好的、有的沒有的、能的不能的，不僅在自己身上存在，也會在另一個人身上發生。

如果抗拒接受這個世界的真實，那麼，無盡的幻想，就難以破滅。尋尋覓覓之間，不斷投射的，還是內在心理需求停留在嬰孩階段的幻想：完美乳房的存在，永不給你失落感和焦慮痛苦。

只想要一段可以滿足「需求」的關係

這樣的人，無法辨識「需要」和「愛」的差別，所進入的關係，極有可能僅僅是一種滿足需求的關係，而非愛與被愛的關係。因為「需要」是依賴，而

「愛」是成熟後的能力。若是為了「需要」而產生的關係，那又有什麼，比一個活在無法負責任及自立的幼稚嬰孩，有更多「需要」呢？

因為「需要」而進入關係的人，會以各種功能和任務，來要求伴侶配合：替他收拾生活，幫他承擔責任，最後還要滿足他一切需要。這些充滿各種「需要」的關係，會漸漸地出現層出不窮的指使和控制，為了防止任何的不滿足和失望發生。

不用訝異，在我們的社會，大多數的關係是無法感受到平等的愛與尊重的。當人拒絕為自己的獨立成熟付出努力，而是想透過關係，獲得依賴和無盡滿足時，那麼就注定這一場愛戀，其實是以「完美乳房」的幻想，在渴求完美情人的存在。

破除幻想

如果，你真的想經驗愛一個人，及被另一個人真實愛著，首先，就必須破除嬰兒式的幻想，以為這世界上有完美乳房。無法接受這個事實，便會反覆以畫好的完美情人設計圖，去要求他人照著劇本演出，或是把不符合設計圖的瑕

疵品，立即丟棄，再重複展開下一段幻想之旅。

你是否還在尋找完美情人呢？是否對你而言，真正的困難是，無法有真實相處的勇氣？因為害怕面對自己的失望和失落，你寧可活在幻想中，也不願意認識及接觸一個真實存在的人？

對你來說，你無法涵納自己的失落及沮喪情緒，也無法與這個有好有壞的世界和解，你的內心，只好活在不願長大的嬰兒狀態，用幻想繼續面對這個世界，也用幻想來抵禦任何真實的人，走進你的世界。

你愛上的，是哈哈鏡情人嗎？

愛情的開始，是一種美化和誇大的幻想。

哈哈鏡是一種遊樂場常見的遊樂設施，藉表面凹凸不平的鏡面，反映人像及物件的扭曲面貌，不真實得令人發笑，故名為哈哈鏡。

對於愛情，一開始的想像，我們眼中看見的對方，也像是看見哈哈鏡一樣，凹凸扭曲，並不真實，卻可以帶我們進入一種夢幻世界，如癡如醉、如喜如狂。

這就是許多愛情的開始。之所以讓人傾心，往往各自都執著在自己主觀認定，認為所看見的對方，正是我們所愛的樣子。有時候，我們還會再強化及更誇大那些，在對方身上我們所認同的面貌，然後為之著迷。

當我們內心布滿粉紅色的愛戀泡泡，眼中看見的世界，都成了粉紅色，自然所看見的對方，也是如此完美、如此迷人。

想像中的美好，一定會破滅

當你認定了他的幽默風趣，如此迷人，你情不自禁地就陷入在他滔滔不絕的談話中，感覺他真的是一個萬人迷，只要站在人前，就輕易地成為萬眾矚目的巨星，讓人不捨移開眼光。

當你認定了她的嬌柔甜美，是如此迷人，你不可自拔地就跌入情網，感覺到非自己不可，只有自己可以保護她、照顧她，帶她到一個好好維護她的天真、她的美麗的地方。

不論一開始，你認定的對方，究竟是如何地擄獲你的心，我們都無法避免地以美化的方式，來修飾你所看見的對方，並放大那些你認為足以吸引你的優點：孝順、乖巧、善良、客氣、天真、聰明、木訥、老實、體貼、柔順……然後，告訴自己：沒錯了，這就是我想要愛的人！

但是，好景不長，情況也越來越令你困惑，怎麼當初覺得孝順善良的男人，後來卻越看越是「媽寶」和「軟弱」？當初覺得很有個性主見的女孩，後來卻覺得怎麼那麼「公主病」或「情緒化」？

還有，當初覺得非常有正義感，總是行俠仗義的男人，後來卻變成了一個脾氣暴躁，得理不饒人，老是要把別人逼進懸崖似的，總是自認為全世界只有自己正確，無法良性溝通，也根本不關心他人的感受是什麼。

或是，那個一開始令你覺得，好溫柔、好小鳥依人，總是以你的意見為主，讓你感覺到自己的存在極為重要的女孩，怎麼後來卻是強烈依賴，無法照顧自己，連自己的生活安排都沒有辦法，任何選擇都要求你決定、承擔的「菟絲花」[1]？

到底是你愛錯了人？還是對方性格大變？或是根本是進入了一場騙局？你是否也有這樣的感受？在愛情的關係裡，交往越久，就覺得愛上的那個人，越來越陌生，越來越和當初所愛上的那個人，判若兩人。

不是對方變了，而是你從未真正地認識他

其實，不是對方變了，而是你從未真正認識這一位，你愛上的那個人。

愛情的一開始，為了吸引有興趣的對方，對自己有所注意，我們就像求偶的動物一樣，盡其所能，展現自己最有魅力、有優勢的一面，來讓對方願意保

持接觸、建立關係。或是以社會普遍認為的「好」的條件、「好」的面貌，來建構自己的價值，好讓想吸引的對象，進一步相互認識。

以至於，愛情的一開始，兩方都把自己最能吸引人的優勢條件和面貌，盡情展現，同時，把自己某些不想被對方發現的面貌或情況，隱藏起來。在這樣的時刻，愛情的催化下，人確實會將自己最「可愛」的一面，展現出來。加上愛情的滋潤，在關係中的行為舉止，也多了許多想討對方開心、取悅對方的表現。

愛情發生時，大腦會分泌的其中一種物質是多巴胺（dopamine），它能產生一種很歡欣愉悅的感覺。多巴胺可增加心肌收縮力，增加心輸出量，讓腦血管擴張、血流量增加，對周圍血管有輕度收縮作用，升高動脈血壓。因此，多巴胺的作用之一，是能消除緊張和抑鬱。

在這種情形下，人在愛情中，就容易感覺到喜悅、興奮、有活力、減少焦慮和憂鬱感。在愛情的熱戀期（有可能介於一個月至一年之間），這種愉悅興奮感，也會讓我們接觸到對方時，即使發現有所差異或衝突之處，也不以為

1. 菟絲花：為一種纏繞、寄生的草本植物。是生理構造特別的植物，其組成的細胞中沒有葉綠體，利用攀緣性的莖攀附在其他植物，並且從接觸宿主的部位發育為特化的吸器，進入宿主直達韌皮部，吸取養分維生。

意，甚至以合理化的解釋，自圓其說，讓自己和對方的關係可以持續進行。

因為，動情激素的作用力非常強烈，通常會讓你鎖定自己想關注的焦點，無法瞻前顧後全面觀察，以致偏頗及衝動行為也容易發生。往往，在關係中，單憑的都只是自己一廂情願，或自作多情的看法，自顧自地解讀自認為已充分了解的對方，當然也聽不進第三者的客觀看法。

慢慢地，當兩人互動已趨於穩定，關係有足夠的接觸時間，過了熱戀期，此時多巴胺及其他的大腦分泌物質趨於緩和，人的「心盲」狀態，才會消退，重新看見全局，也看見真實。本來不以為意的，會開始感到介意；本來有一番合理化解釋的情況，卻讓人不得不承認某些事實的存在。而這個時候，愛戀關係也是進入最大衝突及最危急的階段，關係中的一切，就如覆蓋的薄紗被掀開，讓人不得不看見真相。

沒有人是完美的

而這個真相，對於兩個人來說，真相就是：「沒有人是完美的」。而所有的面貌，其實都是一體兩面，甚至以不同的面貌或表現，展現出同一個人的人格狀態。只是，在愛情的一開始，熱戀狂愛時期，你的大腦無法理智地思考這一個事實，你的愛情經驗，也尚不足以讓你明白，所有的事物，都不是絕對地好，和絕對地壞。你以為的好中，有壞的存在；你以為的壞中，卻有好的存在。只是，我們都太天真地以為，人是可以輕易被二分法的，當你認定他是「好」時，就認定他絕對「沒有壞」；當你認定他為「壞」時，就認定他絕對不是「好」。

然而，當你的人生，經歷過了幾段關係，越多地認識他人，也越多認識了自己，便會明白，人都不是單一面貌的存在。在人性和生活歷史的交互作用下，我們都有必須因應生存環境所長成的性格，也有被周圍人事物所塑造出的生存模式，關於那些「好」與「壞」的評價或標籤，不過是我們認識一個人時，最粗淺的表面罷了。

當愛情激素退去，當我們看見了再真實不過的彼此時，那時候，我們才是真正進入兩人的「關係」，學會真正地認識彼此，也學會真實地互動。如此，我們才不是活在幻想中，拉進一個人進入劇本裡，過度想像對方的美好，再驚嚇於對方的醜惡。

內在的分裂，讓人成為偏執的情人

對於自己在關係裡的失望及挫折，
他們咬牙切齒，原本愛得激烈的人，也可以成為必須要毀滅的壞人。

我們在兒童時期，由於身心尚未發展完成，特別是大腦的功能也尚無能力去處理複雜，及多層次的思考，自然就只能以簡易的、絕對的二分法，來了解世界和自己。

這種黑白、好壞、善惡世界的矛盾感，約在三、四歲的孩子心理開始發生。處在這種矛盾感受的孩童，內在會呈現分裂狀態，但隨著成長及成熟，孩童會跨越過這樣的分裂歷程，漸漸統整這些矛盾心理為一個整合。

然而，有些人會卡在這種原始的分裂狀態中，呈現「偏執—分裂」狀態。他們熱衷保持自己的單純，堅定堅持這世界的好和壞。他們要嘛就激烈愛，要嘛就強烈恨。他們甚至自誇：「我就是敢愛敢恨的人。」

他們與別人的關係，不是將某人視為罪惡化身，就是將某人理想化、過度美化，但是，這些全由他們主觀且分裂的觀點判定，且很容易變動，並不穩定。

因此，在關係中，他們大多是不顧一切地熱戀，然後又不可避免地在某一刻，當愛人做了讓他覺得失望、痛苦的事情時，他們的態度截然相反，將愛人視為憎恨之人，再也不能從這段戀情中感受到什麼。這中間幾乎沒有模糊地帶，是一刀兩斷的局面。

非好即壞的二分法

無論是情感關係，或是人際關係，都很容易從他們的口語表達和態度上，觀察到他所呈現的「偏執—分裂」狀態。對於自己在關係裡的失望及挫折，他們咬牙切齒，原本愛得激烈的人，也可以成為必須要毀滅的壞人。

由於他們的內在，始終抗拒現實世界的存在，並力保自認的「單純」、「天真」、「無害」，因此他們抗拒接觸客觀的現實生活世界。這樣的人或許來自童年時期的創傷，或成長過程的阻礙，以至於對於真正的換位思考，及同理感受別人的行為因素及內在歷程等，較為複雜及困難的心智能力，無法確實發展，而持續處在幼年時的矛盾心理狀態，投射出一個分裂的世界。

這些內在世界分裂的人，會不斷地尋找新的戀人，直到認為完全滿足地尋找到零缺失的完美情人。然而，每次他們的戀情，都會因為戀人犯了他們認為的大錯，破壞他們的完美憧憬，而不可原諒。

阿海與曉憶的例子

阿海和曉憶就是屬於熱戀型的愛人，他們可說是一見鍾情。他們相識在大學社團的聯誼，因為曉憶是活動的主要籌劃人之一，許多事務大都由她一個人忙進忙出地張羅，阿海見到曉憶的活潑、開朗、創意，情不自禁地就愛上了這位彷彿是太陽的女孩。

阿海為人木訥，不太會表達，卻能給人一股老實可依靠的感覺。當阿海默默地就在曉憶身邊，接手一些事情，或是回應曉憶的需要時，曉憶感覺到阿海就有如最安穩的港灣，能讓她必須要獨撐、必須要堅強的疲倦心靈，有了安心的歸屬。

於是，他們順理成章地走在一起，出雙入對。很快的，雙方一致地以戀人的姿態，公開表示他們是彼此最愛的那一個人，並且不斷地在社群網頁上放

閃，毫不隱藏兩人的情感熱度。他們愛得濃烈，愛到希望不要再經歷什麼分離，於是，他們計畫一起同居，成為彼此生活中最親密的那一個人。

就在他們住在一起之後，曉憶開始要求阿海不要跟同學或朋友聯絡，她希望他能夠花更多時間陪她，規劃和她一起的活動，只要兩人沒有上課的時間，無論到哪裡，他們就一定要在一起。

曉憶也不喜歡阿海的媽媽和妹妹，有時候她在旁邊聽到阿海和他的媽媽或妹妹講電話時，她會有強烈被忽略的感覺，甚至湧起阿海比較重視家人的念頭，這樣的念頭，讓她總會無法克制地對阿海發脾氣，責罵阿海是個「媽寶」，竟然還要常常和媽媽通電話。也會嘲諷阿海的妹妹是不是沒有魅力，怎麼沒有男朋友，還要這樣常跟阿海聯絡。

阿海每次都要花很多時間哄曉憶，不然就是跟曉憶道歉，要曉憶別生氣了，他會盡量不要再花那麼多時間和家人聯絡。每當這樣的時候，曉憶就要阿海發誓，他心中只在乎她，任何親人朋友，都不及她重要。阿海為了不要讓曉憶不開心，也越來越害怕曉憶情緒失控的樣子，於是阿海越來越沉默，也越來越消沉。

曉憶對待阿海，就像阿海是她在這世上最重要的人，所以她非常在乎阿海不能對她有二心，必須也是以同樣的態度回應她。因此，曉憶給阿海許多的規定，例如手機訊息不能已讀不回，所有和別人的通訊內容都要讓曉憶過目，網路上的社群和誰有私訊，也一定要由曉憶檢視。

有一回，曉憶在網路社群的私訊，看見一位阿海高中時期的學妹留言，內容是說：「那天很高興在路上和學長你巧遇，聊得很開心。學長還是那麼親切，那麼讓人感覺到溫暖，希望有機會還是可以再聚聚。」

變調的感情

就因為這短短的一封私訊留言，讓曉憶心裡非常不舒服，她沒有任何印象阿海曾經告訴過她，遇見了學妹的事。而學妹的留言，讓曉憶覺得學妹根本是在放置勾引的訊息，那代表阿海根本沒有讓學妹知道他已經有女朋友了。曉憶越想越氣，越想越覺得阿海變了，他心中一定打算暗渡陳倉，另結新歡。

就這樣的一個念頭，曉憶越來越激動，甚至產生了阿海是兩面人，是一個可怕的人，其實暗地裡花心、不忠、滿嘴欺騙。她開始覺得阿海噁心，這麼糟糕的人，怎麼自己會跟他同住在一個屋簷下。

於是，她對阿海興師問罪，不論阿海如何解釋那是一個非常短的相遇，前後不過五分鐘的寒暄，所以也沒什麼時間談到自己有女朋友，曉憶說什麼就是不相信。因為曉憶的情緒非常激動，阿海試圖要去牽她的手，拉她到懷裡，曉憶卻是更為激動地說：「你不要碰我，你現在這樣做，讓我覺得很噁心，你走開。」

阿海一時間傻住，他實在不懂自己做錯什麼，也不懂曉憶為何要如此激動地對自己咆哮怒罵。而他眼前這一位曾經令他感覺是太陽的女孩，如今這一刻卻不停地在炙燒著他，以熊熊焰火的氣勢。

他突然也感覺到自己有一陣子了，好像置身在地獄般，受著地獄之火的灼傷。對他來說，他怎麼也不明白的是，曾經的甜美之愛，什麼時候卻成了可怕的夢魘，只有滿滿的怒氣和指責，圍繞著他？

曉憶後來沒有給予阿海任何挽回的空間，她冷淡地對阿海說，他太令她失望了，她原本相信阿海絕對不會讓她失望，而且不會讓她經歷不安全感的折磨，但沒想到，阿海還是如此地對待她，讓她心灰意冷了。

阿海就在莫名其妙下，面對曉憶的堅決分手，他自始至終還是不明白自己究竟做錯了什麼，他確實不確定他是否還愛著曉憶，因為面對曉憶越演越烈的憤怒和許多的不滿意，阿海也沒有把握，真的可以成為曉憶心中想要的那一個人。

童年的失落和受傷，形成了一個非好即壞的世界

阿海確實難以理解和明白，曉憶在原生家庭裡，在四個女生中排行老三，她嚐盡許多被忽略和被遺忘的感覺，她不及大姊、二姊來得功課好、能力好，也不比妹妹可愛，惹人憐惜，大多數的日子，曉憶都感覺到自己是在夾縫中求生存，不停要自己努力求表現。但即使她很努力了，爸爸和媽媽還是時常疏忽她。她記得有一回爸爸出差，回來時，給了大姊和二姊文具的禮品，給了妹妹一隻可愛的狗布偶，卻獨留她，什麼都沒有。她將這一件事的記憶深藏在心中，她要自己記得這種羞辱和憤怒的感覺，她暗自立誓，她絕對不允許他人再不把她當一回事兒，尤其是她認為的朋友或是情人。

也因為小時候那些家庭生活經驗，曉憶始終認為她的爸媽是失格的父母，她的手足各個都是心機重、八面玲瓏的狡猾者，唯獨她是這個家中的受害者，因為太善良及太單純的緣故，以至於自己鬥不過姊妹。因此，她對家人沒有好

的感覺，也覺得自己始終是沒有家的人。

對曉憶而言，這世界不是照著她的期望來滿足她、回應她的人，就是她心中的「惡人」，特別是若是疏忽她、讓她挫折及感受失落的人，更是傷害她的「敵人」，那是她絕對不能輕言放過，也不能輕易就屈服的。無論如何，與對方決一死戰，都好過感覺自己被壓制、被輕視來得好。

曉憶始終沒有發現，這個現實的世界運作，並不是只有「誰輸誰贏」、「誰對誰錯」的二分法。這世界的所有人，也不是輕易地就能歸類「誰是好人誰是壞人」或是「誰善良誰邪惡」。越是想要單純歸類、單純判斷的人，越是難以因應這複雜且多元的現實世界。他分裂的自我，所投射而出的分裂的世界，勢必讓他在極好與極壞、極善與極惡之間擺盪，卻始終找不到一種合宜的位置及方式，和這世界相處，也和他身邊重要的人，維繫住雙方合宜舒適的關係。

分裂的世界觀，需要整合及轉化的過程

這樣分裂而難以統整內在經驗的人，由於過去飽受忽略、受排拒的傷害，以至於所建構的內在世界，是極為危脆與不安的。所以，他必須堅信自己可以

掌握這世界的黑白善惡，讓自己可以立即推拒危險和傷害，保護自己在安全的長城內。畢竟，在他的主觀裡，他只有他自己，也只能依靠自己。

除非我們可以轉化自己所建構的內在世界，允許自己真實承接內在的傷痛與脆弱，以愛接納曾經不被關注和疼惜的自己，為自己找到真實的安穩，否則，我們將永遠困在不安所投射的黑與白、善與惡的世界裡，糾結和失望、痛苦和沮喪。不僅時常設定他人在「可惡」的位置上，也設定自己在「可憐」的位置上。

當這些設定不斷運作，那我們終究會讓親密關係淪陷在恐慌和必須自保的輪迴裡，怎麼也不可能從關係中，真實地共創一段讓彼此成長、彼此完整的親愛之路。

爛人為何會存在？

爛人成全的是「沒有我不行」的拯救者心理。

當你自認為身邊有一個爛人存在，你不要只是哭，哭完之後，問問自己，是否是因為你不懂愛自己，才會讓自己和一個不愛你的人，死纏爛打著？

所有的爛人，之所以存在，因為他們身邊有源源不斷的「照顧者」存在。每個照顧者，都曾以為，因為自己的委屈和隱忍，終有一天，一定可以喚回對方放蕩不羈的心，一定可以改造對方的人生，一定可以讓對方成為一個「好」人。這樣也可以證明了自己：「我是多麼棒，多麼有能力，值得被愛的人。」卻不知道，自以為是的照顧和拯救，只是一種兩人之間空虛和依賴的填補。

當你疑惑為什麼自己遇不到「好」的人時，你或許要先問問自己，是否真實地能肯定與重視自己？如果你珍愛自己，又怎麼可能會認為自己可以被糟蹋，和被濫用？除非你根本不認為自己有價值，所以你給出的一切，其實也沒有什麼價值。別人要你給，你就奮不顧身地給，因為只要你能「給」，就代表

別人還願意要你。

如果你不給了，沒能力給了，別人就毫不考慮地不需要你了，嫌棄你、鄙棄你。你的生命，不斷地讓不同人來拿東西，拿到你空洞為止，拿到你耗竭為止。拿到你什麼都沒了，再看見你用盡心力維繫關係的人，還是嫌棄了，乏了，走了。他成為了「爛人」，你便成為了「可憐人」。

爛人 VS. 可憐人

這種「爛人」對上「可憐人」的劇碼，從古至今比比皆是。所以，這證明了不論過去有多少這樣的劇情版本，這世界上「爛人」與「可憐人」的相遇和恩怨，不會真的從世上消失，還是會持續上演。

我們都知道，一個巴掌拍不響，如果沒有「可憐人」的存在，「爛人」何以會有空間耍賴耍爛？這當中的構成條件就十分有趣了，恐怕當中是有供需之間的關聯。

「可憐人」一開始在關係中，都不是「可憐人」，而是「拯救者」。因為拯救到千瘡百孔，拯救到肝腸寸斷，拯救到疲於奔命，原本自認為有本事、有能力的拯救者，在累積龐大的委屈、怨懟、失望和疲倦之後，轉向感覺自己被糟蹋與辜負，而心生怨恨與悲憤。

原本的拯救者，要的是，被肯定為有價值的人，希望得到對方的認同：「沒有你，我怎麼行？」來滿足被需要的心理需求。然而，他沒有料想到，當他慷慨付出，表現出很願意收拾殘局時，那很容易加深了他人的依賴心，也間接造成他人不需要為自己的言行舉止負起責任，因為「有你就行了」。

心理學家史卡曼（Stephen Karpman）在一九六八年提出了一個戲劇三角形的概念，他假設每一場心理遊戲就是一個小小的戲劇，而劇中有三個位置，也就是三個角色：拯救者（Rescuer，簡稱R），迫害者（Persecutor，簡稱P）和受害者（Victim，簡稱V）。人們在玩三角心理遊戲時，雖然沒有那麼清楚的意識，但往往會選擇劇中的某一個角色，同時也會變換這些位置，在三種角色中迴旋。

這三種角色，分別的功能和運作方式為：（一）迫害者：通常會看輕對方，認為對方是不好的，沒價值的。（二）拯救者：把別人看得較低下、不好，但他的方式是從較高的位置提供別人幫助，他相信「我必須幫助別人，因為他們不夠好，才無法幫助自己」。（三）受害者：往往自居弱者，自認為自己不行，沒有能力、價值。有時受害者，會尋求迫害者來貶抑自己，或是尋找拯救者提供幫助，而加以鞏固自己「我不好，無法靠自己來處理」的信念。

所以，如果一個人的生命裡，迎接進一個「拯救者」來處理及幫助自己生命的責任和任務，他就很容易持續地認為「我不好，無法靠自己來處理，所以才需要有人來處理」，那麼，他不需要讓自己的能力增強，而是只要從他人的協助及關懷，他就能逃避，不面對很多生命的真實問題。

如果，這樣的依賴關係，剛巧「拯救者」也需要有一個人，來不斷加強自己是「有能力的、重要的、有價值的，以及被需要的」，那麼這樣的模式一拍即合，就會不斷循環下去，同時不斷地往病態依戀的難分難捨模式，發展下去。

面對真實的自己，你不是超人

所以，文章的開頭，我說：「問問自己，是否是因為你不懂愛自己，才會讓自己和一個不愛你的人，死纏爛打著？」因為，所有不停為愛情付出、委曲求全，任人予取予求的人，內心裡都有一個空虛的自尊，和自覺沒有價值的內在隱憂。若非常常感受不到自己的存在感，也時常懷疑自己的價值和重要性，甚至無法認同自己的好，又何以會陷落在無盡包容、無盡給予，再無盡為他人

的生活背負所有問題及需要裡？

你怕的是，當你不給了，不做了，對方因此拒絕你了，指責你為不好，不肯定你存在的重要性，以那種嫌棄或埋怨的口吻說你狠心，說你不管他死活，說你沒有為愛做到鞠躬盡瘁，如何能證明那是愛？你因此慌了，滿心罪惡感，由衷地又同情起對方，再度地將對方視為一個「亟需溫暖和關懷的受傷小孩」，你再度地扛起一切，做一個要在關係中，為對方的生命，做一個完美付出，無從挑剔的「完美愛人」，來拯救他弱小害怕的心。

直到，你一再地在漩渦中，載浮載沉，離你要的「被珍惜，被肯定」的幸福畫面越來越遠，只覺得自己失了體魂，成為越來越乾扁、憔悴的人皮，你終於一步一步地化為含冤的怨魂，沒有了愛，只剩不甘心。

如果，你肯將那不斷去拯救別人，來獲取自我價值的氣力，用來好好地關照自己，從內心深處，給予自己存在的無條件保證，允許自己存在的價值，看自己為重要，你又怎會不斷地背棄自己，把自己拋出去為他人竭盡心力，來渴求他人的在乎和需要？

你不懂珍惜和在乎自己，又如何能辨識真正懂得珍惜你的人，該是如何回應你、善待你？

你將自己視為不需珍惜及關心的人，又怎麼會選擇懂得珍惜及關心你的人，來和你建立愛與被愛的雙向關係？

生命信念的選擇，創造了我們人生的情節

我們的生命信念，創造我們的人生情節，和走向。

如果，我們不試著從拯救爛人的心理遊戲中走出，終結當拯救者（全能的好人）的信念，我們如何能真正地不把自己消耗在承擔另一個不負責任的人索討中？又怎麼能停止總在委曲求全中，慢慢枯萎耗竭，成為一個憤恨及哀怨，不斷訴說自己委屈及怨懟的可憐人？

如果你總是哭訴，身邊的人為何總是爛人，你真的不要只是哭，而是好好地看看自己，是不是可以不再掉落在心理遊戲中，反覆地想證明自己是「全能的好人」。如果是，那麼放下對自己的這一份苛求，別再期待自己先成為完美的情人。也放下對別人的設定，總以為他人沒能力，沒有你的幫忙不行。

這些想像及信念，都來自你內心的情結，注意自己是否還在虛構一個理想化的完美世界，把自己擺在萬能的位置，也把別人放在需要拯救的位置。

你的愛情，是回應你的自卑感而來？

自卑的心，在你的生命中總是喚來羞辱你的關係。

從青春期以後，人慢慢地要從對父母的依戀，轉向尋找家庭以外的某人，來擔負我們在外生活的依戀需求。

所謂的「依戀需求」，就是能讓我感覺到「我是重要的」、「我是被關注的」、「我是有能力影響你與我互動的」、「我可以感受到我們是同在的」，還有「我不是一個人」的一種連結感……等等有關的心理情感需要。

當我們是小小孩時，即使我們只是剛剛出生的小嬰兒，這一份情感依戀的需求，已經開始啟動，透過一份依戀關係的穩定存在，個體可以從中奠定生存的安全感、信任感，還有與另一個人之間的親密感。

但是，這是最理想的狀況。而我們的父母及家庭並不完美，所以這種最理想的狀況，往往並不存在。之所以很困難達成完美依戀關係的原因是，這世界是一個「現實生活」的世界，即使父母共同組成家庭，生了下一代，也不意味

著父母就能懂得「撫育」是怎麼回事、「依戀關係」何以重要的心理學知識，和心理預備。

父母，並未準備好做父母

在現實生活世界裡，即使已為人父、為人母，還是有他們自己生命階段遇到的許多關卡和課題，像是：親密關係的課題、生存焦慮的問題，或是生涯發展的議題，仍是存在在為人父母的個體上。雖然孩子是一個家庭非常重要的存在，卻不表示這個家庭已經萬事俱備、一應俱全，足以接受涵納這一個孩子的存在及成長。

於是，孩子在早年最初始的依戀關係中，勢必會有失落、挫折、沮喪和無助；他想獲得情感關愛，他的父母卻無能為力給出情感關愛；他想獲得自己是重要的價值感，他的父母只能提供到物質生活的照料，卻無法重視他的存在。或是，他想要和父母親近，感覺一份親密的歸屬，他的父母卻因為生活壓力，要這一個孩子離遠一點、安靜一點、聽話一點。

一位女性的故事

有一位女性，她的情感生活有過非常多的挫折，據她的說法，她的多段情感關係裡，總是感受不到伴侶的重視和肯定。不論她如何地努力及付出，用心地經營關係，甚至竭盡所能地要讓伴侶感覺到甜蜜，她所遇到的對象，卻是時常出現冷漠、沒有回應、不以為然，或是厭煩的態度。

她不明白，為什麼她總是遇到感情上很吝於給予的人？那些對象，不僅沒有對她說過任何肯定、稱讚的話語，在言詞和態度上，還會貶抑她，和盡說些冷言冷語的話。那些話語，常讓她感受到沒有尊嚴，例如：她的伴侶會在朋友面前，大聲地奚落她，說她愚蠢又沒有見識，若不是她主動倒追，還真不會注意到她的存在。

在關係裡，她總感覺到自己，被羞辱到體無完膚。然而，即使事後她有微詞，也表達自己的受傷情緒，那些關係中的伴侶，常出現不屑一顧，或是再度冷漠地對待她，除非她示弱道歉，說自己不該有不悅的情緒，否則對方可以隔離和她互動，直到她認錯為止。

這位女性不明白，為什麼自己總會遇到這樣的對象？難道是自己命不好，還是上輩子欠了這些人什麼債，為什麼就是遇不到一個懂得愛她、肯定她的對象？

是被命運決定？還是你決定了命運？

心理治療大師榮格曾說：「你的潛意識會指示你的人生，而被你稱其為命運，除非你能意識到你的潛意識。」

當她接受深層的自我探索，以及回看自己早年的依戀關係，特別是和異性家長之間的關係時，她才漸漸發覺，過去那些關係中的伴侶，都有她父親的影子：冷漠、疏離、忽略，以及總是口出酸言酸語，充滿貶抑和羞辱。

她的記憶裡，記得和父親的相處，總是讓她覺得自己得不到父親的關注，父親總是忙著自己的事，也鮮少關心她在成長的過程，在面對什麼，或是遭遇了什麼。她深刻記得，有一次她對著在看雜誌的父親，叫著：「爸爸、爸爸」，她想把手中的優良成績單拿給父親看，期待看見父親高興，並以她為榮的神情，但是，父親不僅沒有抬頭看她，還反覆地說著：「閉嘴，不要吵，會吵的女孩讓人煩。」

她嘟著嘴，小小聲地說：「我想給你看我的成績單，我考得不錯。」父親仍然沒有理會，草率地說：「一次好成績就愛現，笑死人了。」

她回看到這段記憶，忍不住地哭了。她說她好像現在可以感覺到心痛，但是那個當下，那個還是小女孩的自己其實是嚇到了，反覆怪自己愛現、很丟臉。她好像突然懂了，自己原來在男性面前很沒有自信，也覺得自己沒有任何值得被欣賞、被喜歡的地方，這樣的反應，到底是怎麼來的。

和父母的互動關係，影響了我們與外界的互動方式

我們的早年和父母親的關係，無法避免地影響我們和他人的親密感，和互動模式。也無法避免地將我們對自己的觀感，投射在和他人的關係裡，認定他人會如何看待我，我又必須如何地應對他人才可以。

我們在這生命最初始的關係裡，感受到的若是自尊低落，對自己存在的否定，並且在和父母的互動中，體會較多的是忽略和嫌棄，就會不自覺地認同了自己是卑微的，不值得被重視、被尊重，及沒有資格被愛。

那麼，在親密的關係裡，就會輕易地認同對方的貶抑、忽略和不尊重。甚至，認為就是自己不夠好、差勁、糟糕，才會被人如此對待。這些對待都是理所當然的，自己必須如此承受。

如果，沒有意識到自己是如何看待自己的價值，而這些看待自己的眼光和評價，又是來自於何方，受誰的影響？我們可能都沒有機會好好地認清楚那些，自己在關係中的姿態，究竟是怎麼回事？究竟為何要如此討好？究竟為何要如此卑微？為什麼自己常感覺到受傷，時常覺得被忽略和不被重視？

如果我們有機會認清楚自己在關係裡的姿態，或許你就會明白，你的愛情，是你的自卑心呼喚而來的；自卑的心，在你的生命中總是喚來厭惡羞辱你的關係，任意地評價你，也任意地濫用你。

習以為常的自我忽視

你沒有經驗過珍惜，也沒有經驗過尊重，自然無法體會及了解，會尊重及珍愛你的人，會如何善待你。對你而言，最易習慣，也最熟悉的，無非是會繼續使你自卑、繼續讓你經歷漠視的人。他們的出現，符合你對自己人生的認定：你是如此不堪和不幸，遇不到一個真正會看見你的人，懂得善待、珍惜你的人。

而這樣的情節，你一點兒也不陌生和意外，正巧就像是你在原生家庭中，所被對待的遭遇，你那異性家長的影子，如今竟然附身在你的伴侶身上，讓你再次挫敗和缺愛……

那熟悉的彷彿複製的感覺一再重現，讓你驚訝也讓你驚醒。你想要停止這樣的循環，在你的生命中重複上演，唯有當你開始看重你自己，關閉腦海中那張重複吟唱著：「你不好」、「你不配」的自我羞辱老唱片，你才能重新開始，對自己有份尊重及疼惜的關愛，為自己勇敢去建構一段平衡、平等、真實和相愛的新關係。

你真正想挽救的人，是誰？

當年的罪惡感，成為你如今不斷贖罪的輪迴。

在愛情關係裡，最易看見的一種行為，非強迫行為莫屬。所謂的強迫行為，都是帶著「強迫信念」的一種偏執的「非如此不可」，所做的相近於一種心理儀式的行為。而這些強迫行為，不太容易被覺察出自於何種「強迫信念」，使得強迫行為只能不停地週而復始，不停地循環，沒有辦法終止。許多情況裡，連當事人都無法知曉自己的強迫行為從何而來，何況是周圍的親友，更是一知半解，不懂當事人為何就是一定要這樣做、這樣反應、這樣深陷其中？

裕銘的三段關係

裕銘，在愛戀關係中，出現的強迫行為是：強迫的重複拯救行為。裕銘的三段關係，都有著相同的開始，和相似的發展。他感情的對象，無論是哪一段關係中的女性，在和他產生愛戀關係的當下，都正處在一段不愉快的關係裡。

第一段關係的女性，是裕銘在大學時期，大他一屆的學姊。在慢慢熟識之後，裕銘從和學姊的聊天中，聽到學姊在感情生活中的不快樂。學姊總是憂傷和無奈地對裕銘吐露，男友是一個脾氣暴躁，又感情不忠的人，她總是一而再地相信他，又被他欺騙。有時候他們在爭吵中，學姊的男友就會對她咆哮、動手動腳，讓學姊經驗身心的疲憊和無助。學姊很想分手，結束關係，但是又害怕孤單和寂寞的感覺無法面對，始終讓自己困在關係中，糾葛痛苦。於是，裕銘慢慢地形成「一定要救學姊脫離痛苦」的念頭，不知不覺中成了學姊人生的拯救者，不僅鼓勵學姊值得有下一段幸福，也慢慢地成為學姊感情的依靠，讓學姊彷彿抓到一根繩索，從沉溺的海水中被奮力拉出。

然而，這段關係在學姊畢業後，兩人的生活世界斷開來，越來越不同後，劃下了休止符。結束關係後的裕銘，消沉了一些時日，一個人繼續著自己的生涯，完成學業。

畢業後，投入職場的裕銘，因為業務的關係，和帶他的前輩開始熟識，才得知前輩正在打離婚官司，並且想辦法爭取孩子的監護權。在偶然一次，兩人下班後一起吃飯喝酒小聊之後，裕銘看見前輩面容上的憔悴和傷心，心中不由自主地又冒出「一定要救前輩脫離痛苦」的念頭。那晚之後，兩人的關係開始不同，裕銘成為前輩情感上的支持，陪著前輩應付離婚過程裡的各種糾結和痛苦情緒，也一起走到確認結束婚姻關係的結果。原以為自己會和前輩就這樣走下去的裕銘，怎麼也沒想到，前輩在結束婚姻關係後，說自己累了，無法再投入在新的關係中，想要和孩子好好地生活在一起就好，而和裕銘提出分手。

有了兩段感情經驗之後，裕銘看見自己，似乎很容易對比自己年長的女性動心，也很容易在她們的生活中，感受到她們的不快樂和痛苦，而心生不忍。但他不明白是為什麼，以為自己只是單純地喜歡比他多一點兒成熟、多一點兒歷練的女性，所以容易和她們產生關係。

後來的裕銘，想要避免自己和年長女性的關係，又像前兩段一樣無疾而終，他後來注意的對象，都往比自己年紀小的女性發展。但不知道為什麼，年紀小的女性總是讓他覺得幼稚、不成熟，以致裕銘總是提不起勁去多一點兒接觸和認識。尤其年紀小的女性，提出的話題，都讓他感到無聊，沒有什麼興趣回應。直到他認識了第三段感情的對象，艾玲。

艾玲雖然比裕銘年紀小，但對人世的體會和感觸，有著和同年齡女性很不同的反應。艾玲不談論時尚，也不熱衷逛街購物，更不常和朋友聚會，因為大多數的時間，艾玲兼差做好幾份工作。裕銘看見艾玲很辛苦地生活著，隱約中知道艾玲有一個酗酒又愛賭博的父親，家中的開銷和需要，都是要由艾玲兼差好幾份工作供應。艾玲的媽媽長期有憂鬱症，沒有什麼能力再給弟弟妹妹關注及照顧，所以弟弟妹妹有什麼想要買的東西，或是想參加什麼活動，也只能跟艾玲求助，希望艾玲給予。

艾玲曾經跟裕銘說道：「我不想談感情，我也不敢想有人會要我這樣的女生，家庭全都是問題，父母這麼有問題，誰娶到我不就是倒了楣？」

卻沒想到這一段話，進了裕銘的心，裕銘又再度冒出了那個念頭：「我想救妳脫離痛苦」，而再也無法不關注艾玲。裕銘想要讓艾玲知道，她不是一個人，他願意陪著她去度過人生最痛苦和無助的時候。

就這樣，在裕銘不離不棄的陪伴下，艾玲接受了裕銘的感情，兩人成為一對伴侶。然而，關係的甜蜜，禁不起現實的考驗，裕銘在關係中，不斷地歷經艾玲的情緒受原生家庭的衝擊而起起伏伏，這讓裕銘漸漸地感到無法招架。他原本想要給艾玲一段可以依靠的關係，救艾玲離開受苦和不幸的人生處境，可是他不明白，為什麼艾玲無法不受原生家庭的影響？無法給予她自己一個重新開始的人生？

裕銘常告訴艾玲：「妳現在有我了，原生家庭的事，妳就放下吧！妳能做的很有限，他們的問題，就留給他們自己去解決。」

艾玲每聽到裕銘說出這一句話，就會有無法抑制的憤怒：「怎麼放？他們不是你的家人，你可以不用理會，但他們是我的家人，我難道要看他們完蛋嗎？如果你不想幫我的忙，那你什麼建議都不要說，不要有意見，可以嗎？」

裕銘看到艾玲這麼憤怒的反應，心中不由得感到挫折和恐懼，很怕自己會不會又激怒了艾玲，同時也疑惑自己是否沒有能力幫助艾玲，離開原生家庭的痛苦漩渦？

他們兩人的關係，就在一方堅持用自己的方式處理，一方覺得自己沒有能力幫忙的互動循環中，越來越緊繃，越來越沉重。

裕銘有一種說不出來的感覺，覺得自己似乎沒有能力，真正地讓一個女性快樂、開心。不論和哪一種類型的女性交往、相處，最終都留下了一個無能為力的自己。對於自己的無能為力，裕銘雖然惆悵懊惱，卻也不知道究竟要如何，才能讓身邊的伴侶真正地快樂起來？

裕銘的童年經歷

裕銘在家中，排行第四個孩子，上面有兩個哥哥和一個姊姊，但和裕銘的年齡都有一大段差距。裕銘是父母中年後，非預期下所生的孩子。當裕銘出生時，哥哥姊姊都已經是青春期，他們正在好奇及面對自己成長的蛻變，幾乎沒有什麼心思和裕銘互動。所以，裕銘從有記憶以來，自己就是獨子，自己一個人待在家裡，和父母共同生活。

裕銘的腦海，只要想起媽媽，就想起小時候常常看見媽媽很虛弱、疲憊的樣子。媽媽常告訴裕銘，要乖、要聽話，不要惹麻煩，不要讓媽媽擔心。因為媽媽的年紀有些大了，媽媽時常有頭痛頭暈，必須臥倒在床的景象，都讓裕銘覺得媽媽好像很可憐，是不是為了生下他，媽媽的身體才會這麼不好。

所以，裕銘特別聽話，也特別貼心，在媽媽身邊，還會擔負起媽媽的小幫手，幫媽媽處理家務，或是幫忙照顧媽媽。他心裡想，如果媽媽發現有他在身邊，是很放心、快樂的事，或許媽媽就不會後悔年紀這麼大了才生下他。

因為媽媽的身體及精神都不是太好，而爸爸也不是個體貼的人，這些都讓裕銘看在眼裡，放在心裡。他想做一個體貼的男人，想做一個陪著媽媽，讓媽媽可以得到安慰的孩子。他想，這樣就可以證明自己真的是好孩子，一個值得誕生的孩子。

依戀之傷裡，有我們想挽救的對象和自己

在裕銘年紀還很小的時候，他需要媽媽，需要媽媽的陪伴，需要媽媽的關注，他需要感受自己的存在是重要，且有價值的。再加上，他的童年，和手足年齡差距很多，以致他沒有同輩的小孩可以互動，讓他更渴求和媽媽在一起，那就不會讓他經驗太多孤單和無聊。他的心中總是默默地想著，要一直和媽媽在一起，永遠也不想和媽媽分開。

但媽媽可不是同樣的期待，希望和裕銘無時無刻地在一起。她身體不舒服時，就會打發裕銘自己去一旁玩，或是去旁邊看書。媽媽不是一個人在房間裡躺著休息，就是在客廳的沙發上，愁容滿面。裕銘不是很懂，究竟媽媽怎麼了？他只是疑惑著，為什麼媽媽和他在一起時，總是不快樂？有時候，他甚至會懷疑，媽媽是不是不愛他，覺得有他很麻煩、很累？這樣想時，裕銘就會感

到愧疚，自責自己讓媽媽難受。

後來，裕銘的媽媽發現罹患腦瘤，治療一年後，還是不敵癌細胞轉移，在裕銘國小畢業那一年，過世了。那以後，裕銘不太提起媽媽，也不敢回想以前和媽媽相處的記憶。他讓自己試著把注意力放在課業上，覺得媽媽雖然不在這世界上了，他也不能讓她失望，還是要把自己的學業顧好。

裕銘不知道，自己心底壓抑著許多說也說不清的複雜感受和想法。他總是無法確定，他的家庭，是不是真的期待有他？真的愛他？

在媽媽過世後，他和其他家人，更是無話可說。小時候，還有媽媽在，成為他們生活的交會點。媽媽過世後，裕銘便不知要怎麼和家人互動。那種感覺，就像是媽媽在，家才在，媽媽不在了，家也就沒有了。

失去媽媽和失去家的悲傷情緒，偶爾會從心中湧出，裕銘會氣自己年紀太小，什麼都做不了，什麼也挽回不了。如果不是自己太小、太弱、太無能，他怎麼會讓一切發生？怎麼可以讓媽媽就這樣生病、不治、過世？又怎麼讓自己那麼小，就沒有了媽媽？

內心的罪惡感，成了強迫要救贖的推力

罪惡感和無力感，在裕銘經歷失去媽媽的悲慟後，開始侵占了裕銘的內心。罪惡感不斷地讓裕銘覺得，自己應該要證明自己的能力，證明自己可以防止他人的不幸，也要努力地讓這世界悲慘的事改變。

這是裕銘的遺憾，他沒來得及讓媽媽快樂，也沒能力讓媽媽覺得有他在真好，但他想努力圓滿自己的遺憾。這個努力，就從他四周所接觸到，他認為不幸的女性開始。

這是裕銘表面的拯救行為，但裕銘內心，真正恐懼及焦慮的，是他深層的自我懷疑和否定，他好害怕自己的男性角色，是讓女性失望的。他不想如爸爸一樣，他總是看見爸爸對媽媽的疏離和不體貼，他氣爸爸是一個讓媽媽孤單和傷心的男人。

裕銘要自己一定要跟爸爸不同，爸爸的無情和冷漠，帶給媽媽痛苦。而媽媽，卻是那個裕銘深愛著，卻無法挽救的那個受苦之人。所以，裕銘不得不懷疑，自己根本就和爸爸一樣沒用、沒能力，根本不是一個好男人。

這些糾結的情緒和內在的矛盾，讓裕銘不太敢面對自己。尤其害怕真的觸碰到自己的罪惡感，那種覺得自己有罪，感到愧疚的不舒服感。

而那些說也說不清楚，理也理不出頭緒的罪惡感，讓裕銘接二連三地投入在不幸女人的故事裡。他想在這些女性的故事中，成為那一位拯救者，不僅有能力解救女性終止悲慘遭遇，也讓女性獲得真正的快樂和自由。

只是，他沒有料到，那種英雄救美的故事，可能只是從自己角度，對扮演英雄的執著，若從女性那方的角度，她們未必要配合演出地扮演被挽救者，她們也可能在她們的故事中，有所要證明的自己，以及想要挽救的過去。

當我們內心，深藏著對過往遭遇，難以化解的罪惡感時，推動我們不停救贖的，是過去的陰霾，是過往無法消散的心靈冤魂。若沒有辨認出罪惡感的由來，消除這罪惡感的指責和恐嚇，那麼尋求的伴侶，都可能只是一個替身、一個祭品。

在愛情關係裡，看見原生家庭的依戀之傷

我們想要親密伴侶來彌補，又害怕在關係中重複經歷傷害，於是我們既苛求著也防衛著。

許多時候，我們在越親密的關係中，越是會投射早年在原生家庭的依戀傷痛，像是害怕被遺棄、恐懼被忽略，甚至擔心對方不告而別，或嫉妒沒有專屬的愛。

越是在原生家庭壓抑的依戀傷痛及匱乏，我們越會想從親密關係當中，加倍索取、加倍在意，總會不自覺地認為親密伴侶，「應該」要給我保證、給我安撫，和給我最滿意的對待。否則，就是在傷害我、辜負我，讓我反覆經歷痛苦和不安。

然而，**親密關係問題的根源，不在親密關係，而是在原生家庭，和童年時光。**

這樣說，可能許多人是不認同的，覺得人會長大，一旦長大成人了，就要為自己的選擇負責，幹嘛什麼都推向原生家庭和扯到童年影響？

雖然，「理想」上，人長大成人後，是該蛻變，行為舉止和思考能力也該

有成熟作為，但往往現實中，人內在的心理年齡未必能與生理年齡一致地成長成熟。而那些難以轉化成熟的思想和情感狀態，為什麼會停滯不前呢？何以會留在自我中心的位置看待外在世界呢？又為何我們不能擁有一個蛻變嶄新的自我和人生呢？

有很大的原因，來自人們內心抗拒長大，停留在未滿足及依賴索取的心理狀態。那些過往關愛缺乏、關注未滿足的心靈，就如一個巨大的內心黑洞，有著深不見底的深淵，讓所有靠近黑洞的能量，都會被吸取吞噬，卻沒有任何充實的作用。彷彿黑洞裡，住著一個怎麼都無法填補滿足的大食怪。牠什麼都吃、什麼都吞，卻還是無盡地飢餓。

阿華的早年情感創傷

阿華，就是這樣的一個例子。阿華的父母在他很小的時候就離婚了，由於他是長孫，祖父母說什麼都要阿華的爸爸留住阿華。對於一心想求離婚的媳婦，祖父母只能同意，孫女跟著媳婦一起走，若要帶走阿華，就等著撕破臉走上法庭。

阿華的媽媽，為了求得解脫，只好妥協。在媽媽和妹妹一同要離去的那一刻，阿華記在心裡的是，媽媽流著淚抱著他，對他說：「媽媽對不起你，也許你長大了會懂，媽媽這麼做是不得已的。」

但他始終沒有機會懂，他只知道媽媽和妹妹離開家之後，雖然祖父母很疼愛他，生活上沒有任何缺乏，但他失去母愛的悲傷和想念，全需要憋住，那些痛楚是不可能讓祖父母知道的，免得祖父母再度把媽媽罵得一無是處。

爸爸過了幾年，就在祖母的主導下相親，再婚，有了新的婚姻關係。那時候，阿華已經十歲了，他不想和爸爸的新家庭同住，對他而言，那個新「媽媽」，只是一個陌生的女人。於是，他繼續和祖父母住在一起，一直到他讀大學了，祖父母在兩年內相繼過世，他開始一個人過日子。

阿華在表面上看起來，其實家庭問題並不大。生活上有祖父母長期的關心和照顧，他也努力地做好祖父母的「最小兒子」，聽話、乖順、不做任何會讓祖父母擔心的行為。求學過程，也很平順，課業不差，升學也順利。雖說沒有什麼特別脫穎而出的地方，倒也是祖父母心中的乖孩子。

但其實，沒有人知道，阿華內在時常有一種煩躁感，總是不安穩。越是對自己有所要求，內心就會出現一種無法放輕鬆的壓力，好像自己一無是處，一定會弄砸一切的感覺。

這種惶惶不安，老覺得自己不好、擔心自己會搞砸一切的念頭和強烈情緒，阿華從不跟旁人說，他不想讓祖父母擔心，也不敢奢望只重視事業的爸爸會了解，即使孤單承受，阿華還是讓自己努力撐著，就怕被人發現。

阿華大學畢業後，在工作場合開始試著和女孩子交往，但他始終不太願意讓對方太靠近他。如果女孩子問他的私事多一點兒，他會感覺到不耐，也會有一種不安全的反應，好像對方要來侵占他的隱私範圍的感覺。所以好幾次，互動沒多久，剛剛萌芽的關係，都會在阿華突然之間停止所有聯絡和回應下，無疾而終。

阿華對於自己的反應，當然也有所發覺。他知道別人的靠近和切入他的生活，都會令他很不自在，他就是想要「自己一個人」就好。隱約中，他可以多少感覺得到，他對那些女孩子的不信任，腦中總很快出現：「她不會停留太久，她很快就會離去，當她發現我其實很無趣、沒有魅力時……」的念頭。

他覺得自己這樣下去，可能真的都無法有戀情，為此他搜尋不少戀愛的書籍來看，也在網路上研究不少他人的經驗談。他想克服自己的恐懼和不安，至少可以和某個對象交往久一點兒，深刻一點兒。

後來，他在網路上試著和一位主動加他好友的女孩互動，發現不現身的方式，反而可以談很多內心真實的話。這一次，他終於覺得自己好像沒有那麼不

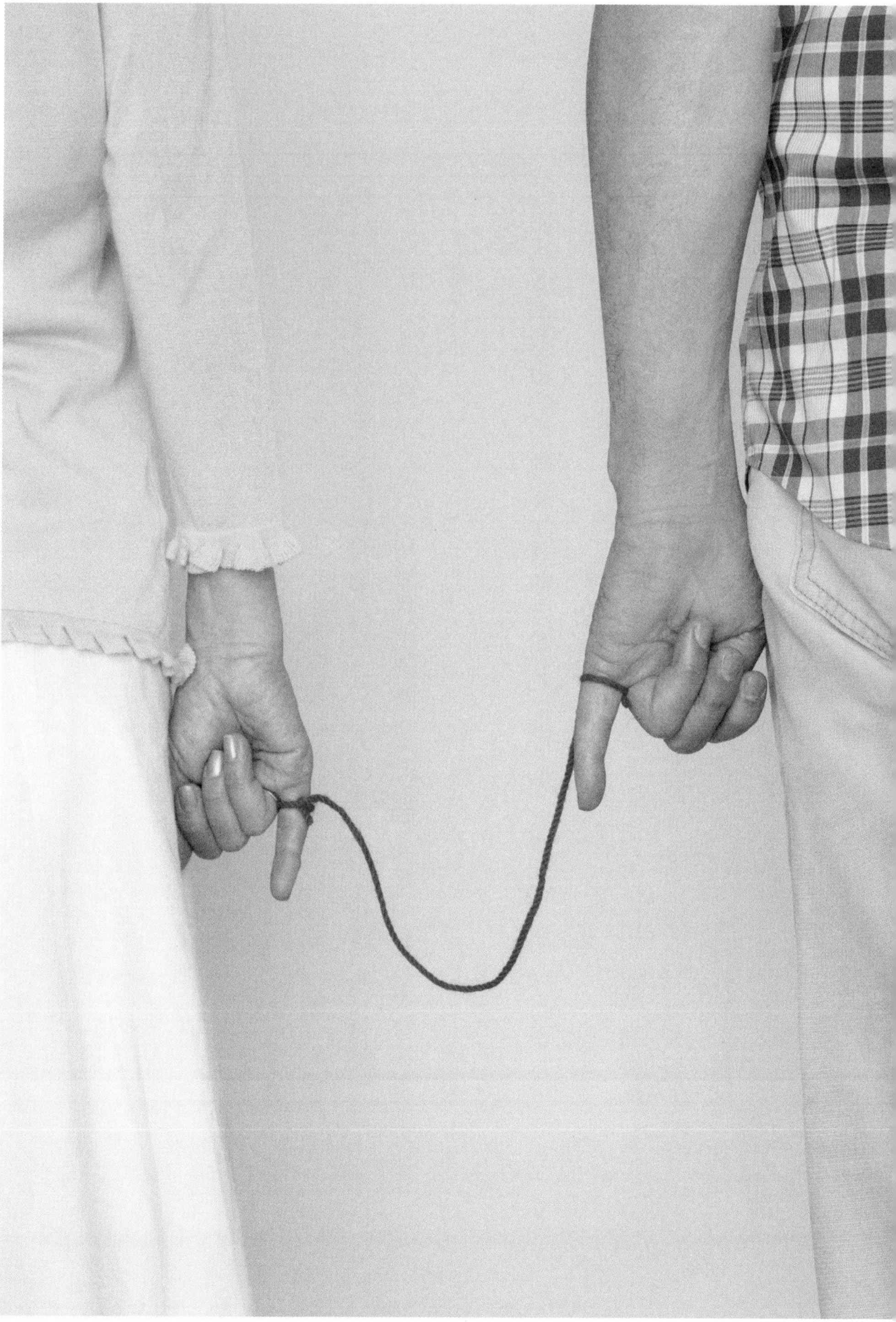

安，也沒有那麼煩躁，一切似乎都在控制中。

因為可以掌握的感覺，以及對對方的好奇，他們終於約在第三地見面，共度了一天。可能彼此談話的次數和深度累積不少，他們的見面有著熟悉的感覺，那一天，阿華難得體驗到愉快和輕鬆。特別是當對方很輕鬆地和他互動，也能回應他所說的話題時，他感到特別的歡愉，雖然他說不上來那是為什麼。

就這樣，他們算是正式進入熱戀關係，以遠距離的方式，進行他們的關係。平日用通訊軟體，週末假日就輪流到對方的生活地區相處。這樣的方式，阿華可以感受到聚在一起，相處互動的樂趣，同時又覺得自己不會被過度介入，打擾原有的生活方式。

當模式必須改變，焦慮感受就無法克制地氾濫

這樣的模式，進行了一年半，開始起了波動。因為對方提出想要一起生活的打算，並告訴阿華，如果他們的關係是真愛，那麼就要有共同的願景，和一起生活的計畫。阿華不知道自己該表示什麼，他喜歡和對方相處互動，也覺得有一段關係存在很好，但他就是無法給出承諾，也無法確定共同生活真的是自己要的嗎？

在這樣的時候，阿華內心又不禁響起一些警告：「不要讓對方太靠近，靠近之後，她會發覺很多你沒有魅力、一無是處的地方，她會因為識破你的糟糕沒用，而離開你！」他總是害怕被靠近，他總是不由自主地就覺得女性不會長久停在他身邊。親密與靠近是阿華最陌生的感覺，從小他沒看見過爸爸曾為一段親密關係的堅持和親近，也沒感受過媽媽為親密關係給予包容和不離棄。他說不清楚的內心心結是，當年媽媽因為不滿意爸爸，選擇離開爸爸；而他的存在，仍然留不住媽媽，也是因為他得不到媽媽的愛，媽媽才會頭也不回地離開。

當這些「過去」有如惡夢般地，再度纏繞著他的內心，他的內心只剩黑暗，並且幽幽地出現一個聲音迴繞著：還是算了吧！逃吧！不要等著被拋棄吧！

看清那些令人恐慌的心靈烙印及傷痛

我們的生命，都有著童年依戀關係的記憶和烙痕，那都是生命中發生過的「事實」，卻不一定是「真相」，但我們卻無時不被這些印記所綑綁。當我們懷抱著這些未被滿足的遺憾，我們將在親密關係中尋找滿足的來源與替代；也將在親密關係中，不斷提醒自己曾經的恐懼和失落。

我們想要親密伴侶來彌補，又害怕在關係中重複經歷傷害，於是我們既苛求著也防衛著。就像阿華，他渴求著陌生又缺乏的依偎和靠近，卻害怕再次經歷遺棄，於是他不自覺地用著過去保護自己不要陷入失落哀傷的防衛——疏離與拒絕，繼續保護著自己。但這防護罩又重重隔絕著每次親密的貼近，以至於無法避免地循環著渴求和失落、趨近及逃跑。

人類的習慣，就是以「已知」面對「未知」，所以才會自動化地複製許多過往的經驗，投射在新的關係中。我們以為自己對於這些新的關係的演變，瞭若指掌，卻不知道，這一切是自己潛意識的自導自演，所走向的情節和結局。

當我們能夠練習讓自己去看清，自己究竟在愛戀關係中複製什麼原生家庭經驗？自己又如何在內心不斷複誦那些內化的「指令」？才可能真的有機會分化過去和現在的自己，真正地成長、獨立。然後告訴自己，此刻的自己已不再是那無助、受傷、孤寂的孩子，而是一個可以回頭擁抱曾經受傷、失落的內在孩童的成人。

當我們面對脆弱的自己，是穩健、成熟、溫厚，有力量的，自然能夠與另一個成熟、美好的個體，相互欣賞彼此生命本質及成長歷程。試著靠近彼此的脆弱而不驚嚇，真實地認識彼此，不再輕易投影複製角色，重演受傷的依戀關係情節，如此，經驗相互支持、接納的成熟性親密關係，才有可能。

早年情感依戀缺乏，對人的影響

他們害怕親密，害怕長期的關係。

有些人，特別是男人，偏向逃避型的情感依戀障礙，即使表面上一直在追求伴侶，但關係的壽命，卻維持不久，往往撐不過一年、兩年。

所以就必須面臨再找新鮮伴侶的過程，雖然表面上給人家花花公子的形象感覺，事實上，他們害怕親密，害怕長期的關係。原因可能來自他們在童年時期，根本沒有獲得穩定和關注的長期陪伴關係，或者在非常小的時候，就被剝奪情感依戀需求，以致依戀感非常缺失，只能在內在孤單和寂寞地單靠自己長大。

就算他們成長的過程渴望情感，但彷彿失去了能力和人情感交流和親密，這樣的情形下，追求情感關係的過程，反而有如「上癮」般的，是在追求刺激和迷茫的興奮感。但一旦關係進入到穩定發展期，柴米油鹽醬醋茶，以及生活的衝突和磨合，就是他們亟欲擺脫，甚至是厭惡排斥的所在。

這源自於內在狀態，可能並未真正準備好成為成熟的大人，對情感的態度，自然也像個孩子找玩伴一樣，重點在好玩，而不在經營及維護。某些方面，更是害怕承擔長期關係所帶來的責任和後果。

然而，人類天生是群居性生物，也具有與他人連結的渴望，即便是逃避情感依戀的人，仍會有尋求陪伴的天性與需求。這樣的需求與內在的恐懼，形成拉扯和矛盾，於是往往在自己內心劇場，早已上演過無數次追與逃的預演。當伴侶靠近時，無法抑制地推拒和隔離，無力表達親密感和經營親密關係，卻在伴侶失望離去之際，又陷入無盡痛苦、被遺棄的怨懟和失落之中，即使因為一次的討好挽救，重新挽回關係，也只是進入下一次惡性循環之中。

這樣的痛苦與循環，無盡地折磨著自己和伴侶，甚至會因此對自己形成一個宿命的觀感，認為這樣的失望和失落，被遺棄的結果，都是自己的宿命。殊不知一切的關鍵源自於自己未能覺察和無法療癒的早年傷痛。

害怕情感依戀的人，都有「孤單長大」的生命經驗

屬於這類「依戀缺乏」的人，童年時，都可能是依戀需求受漠視的孩子。

沒有什麼傷害，比一對冷漠無情的父母，對孩子的傷害更大了。在孩子最無助、軟弱、恐懼不安的嬰幼兒時期，亟需被照顧、安撫、關注的時候，卻怎麼也得不到回應和關心，不僅可能遭遇喪命的危險，還會使孩子成為一個缺乏情感互動、心智功能發展遲緩，和內心因為挫敗無力而產生暴戾之氣的生命。

有的孩子，從出生不久，就被獨自置放在一個隔離的空間，極少感受過母親的懷抱，也無人陪伴度過驚慌害怕的夜晚。彷彿他的存在，從誕生的一開始，就注定了孤獨和虛無。

另外一些孩子，從生命的第一年、第二年開始，與他相處的、有情感牽繫的，就不是父母或照顧者，而是電子產品。手機、平板、電腦、電視機……等非人的機械陪伴。要能在生命最早期，感受到來自人類照顧者有溫度、有情感的陪伴、引導、遊戲、關懷、照應，根本是件困難的事。

許多人自陳自己的童年記憶，能回溯出愛與情感的記憶，少之又少；更有人直接說自己是一個人孤單長大的，好像身邊是沒有任何照顧者的。

自覺是「自己一個人」長大的人，對生存有大本事，也很能體會現實的殘酷，知道該如何因應許多問題並解決它們；但對人際關係的問題卻無力因應，也沒有實際相處的勇氣。

「自己一個人」孤單長大的，深知生存不易，會卯足本能拚搏人生，也以拚要更拚的方式，在這社會取得生存的位置。然而，這些努力活下去的過程，和這世界的關係，只剩下敵對、競爭、對抗和防衛。再怎麼辛苦困難，自己也會咬緊牙關堅強度過。

「自己一個人」孤單長大的人，由於自小就要忍受許多恐懼和擔憂，為了防範未然，避免突發狀況發生，漸漸地發展出必須控制好一切的習性。所以，一個人生活慣的人，很能掌控自己的生活，獨處並非困難的事，陪自己找事情做也很在行。

但最困難的事，莫過於與人相處和互動。因為「人」不好控制，也沒有一定的標準該如何應對及處理，該怎麼說話？該怎麼回應？該怎麼解決？這些都不是一套步驟或方法，就一定能讓關係如自己的意，或是讓關係能順利進行，因此「關係」成了最不可控，也最複雜的事。

「一個人長大」的限制和缺乏

這樣靠自己努力長大的人，不知道「合作」和「協調」是什麼，也不知道

如何溝通和表達，這些都是沒有經歷過的事。他習於一切照著自己的想法做，也照自己的方式和步調。自己照料生活慣了，自己一個人工作、生活，都不是難事；反倒是身邊有另一個人出現，會令他手足無措，亂了手腳，反而起了焦慮和不安的情緒。

所以，若要開始發展親密關係，那就是生活中最難「掌握」的事了。要顧慮那人的脾氣和喜惡、要配合那人的生活習慣和方式、要認識那人的脾氣和性格，還要注意那人的價值觀看法……這些都會令他感到緊繃和不自在。和另一個人的互動，不知道什麼話該說，什麼話不該說？衝突該怎麼辦？關係該如何維繫？究竟該如何在關係裡進退？又如何有彈性地處理兩人之間的需求衝突？這些都是令他苦惱的事情。

這樣的人，進入成年期要建立親密關係的時候，非常大的機會，會成為「排除型」的人——也就是排除親密需求，也排除在生活中需要「被照顧」的需求。凡事靠自己來，凡事自己承擔，都比把自己交給別人來得自在。

一個人過慣了的人，不會恐懼孤單，畢竟這是從小就經歷到的感受，但卻會被寂寞干擾。孤單一人，有自己要的簡單清靜生活，但獨處時，仍然偶爾會出現寂寞。為什麼呢？因為人是群聚的動物，仍然需要感受到與人之間的情感連結和互依，成人的生活裡，也有親密感的需求，這些都是體驗到愛與被愛的來源。就算是一個覺得習慣了孤單的人，仍逃離不了渴望愛與溫暖的事實。

親密關係恐懼症

「自己一個人」長大的人，感到寂寞纏身又沒有勇氣和方法和人建立親密關係時，就可能以更多工作來轉移焦慮，或是以物質上的依賴（酒精、購物、網路、電視節目）讓自己麻痺感受。有些人則可能以短暫的性行為來充塞一時的寂寞（一夜情、性交易等）。即使因為社會期待的緣故，硬是以各種方式讓自己有了伴侶，甚至組成了婚姻，依戀障礙的人，無法真正了解如何建立和經營親密關係，對於伴侶的存在，也無法產生同理心與其情感連結及互動。

所以，這些轉移或麻痺，或只是建構一個形式，都無法真正回應我們內心渴望愛，也需要有所依靠的事實。

當年紀尚輕時，我們還可以感受到自己的能力，也覺得可以不需要他人的照顧和關懷，生活裡自己一人來來去去也算怡然自得。但隨著生命邁進中年、晚年，若沒有在內在進行一連串的修練，俱足內心面對老化、脆弱的柔軟力量，那麼，無以迴避的孤單、寂寞和空虛，就會悄悄地蠶食心靈，使人無望、耗竭及無盡憂傷空虛。

進入關係，是一趟冒險旅程

事實上，「一個人長大」的人在非常小的時候，就被剝奪和照顧者的親密，以及感受到被照顧者拒絕的痛苦，那種無論怎麼期盼渴望愛和關心，等不到就是等不到的感受，漸漸的，令他害怕「等待」的感覺，也恐懼「沒有」的結果，這都會使他更感覺受傷。

這是內心的早年創傷、強烈的失落感和痛苦，讓他非常早就決定「不再需要別人」了。這樣的決定，無非是為了杜絕再發生的失落和痛苦。其實，這也是抑制愛的需求的一種防衛。若是有意願開啟一段真實互動的親密關係，那就要有冒險的勇氣。

所謂冒險的勇氣，就是承認自己害怕，也承認自己將進入未知，但卻願意往前走，往更遠的自己沒有去過的地方。這個過程，必須因應自己內在因為未知而產生的焦慮無助感。這是「一個人長大」的人，曾經歷過的早年創傷，那種無人陪伴在旁的焦慮無助感；因此成長過程，務必要求自己必須取得「控制」和「能力」。

所以，如果無法鬆動及調節自己對於「安全感」的需求，非常害怕未知和失控的反應，那麼真正地進入親密關係，就成了極度困難的事了。其實，信任自己可以有資源、有方法幫助自己應變的人，才能真正地勇於冒險。否則，對他來說，哪裡也別去、什麼也別嘗試，任何不熟悉的事都別靠近，其實就是最安全的了。

親密關係，不是用「控制」得到的

親密關係，是建立在兩人皆為完整獨立個體的基礎上，願意相互認識彼此的情感、思想，和行動選擇的過程；參與彼此的生活中，隨時摸索及調整彼此適合的互動及相處過程。這樣的過程，雙方互為「主體」，也互為對方的「客體」，沒有誰不重要，也沒有誰最重要。所以親密關係是一連串的認識彼此及培養默契的歷程，無法控制，也不是占據和支配。若是緊抓不安全感，就容易把對方視為必須掌控的「變數」，而不是真正的試著了解這個人了。

但是，沒有人能逼迫「依戀障礙」的人去相信關係，及真正地進入關係。究竟何時願意體認及誠實面對自己內心渴望，並且願意冒險探索真正的關係為何，這需要「依戀障礙」的人，為自己的心靈傷痛走一段療傷之旅，當他能軟化心中的防衛，及連結自己內心的孤單，承認自己的脆弱及渴望愛，或許他的心才能打開，真正地擁抱另一個人走進他的生命，即使未知，也願意經歷當中真實的酸甜苦辣滋味。

戒掉有毒的依戀關係模式

有毒的關係，就像是吸食毒品，一旦沾染上了，就會失去理智的能力，而墮入一種非要不可的非理性狀態。

哺乳類動物出生後，最重要的事之一，就是獲得一份安全穩定的依戀關係。這一份安全穩定存在的依戀關係，可以確保我們的生存，被認可、被關注，也被回應，好讓生命能順利也健康地成長。

好的依戀關係，讓你成長安穩健康。但不好的依戀關係，則是令你的生存，備受威脅和傷害，隨時都有致命的危險。

「童年的一大缺點是不需要懂事就能感覺。等到腦袋足以理解發生了什麼的時候，心的傷口已經太深了。」——Carlos Ruiz Zafón（西班牙小說家）

在我們還未有任何意識時，那原生的生存環境，所帶給我們的影響，就已開始累積，並且儲存。特別當我們是小小孩時，我們未有能力及意識去為自己選擇合宜的依戀關係，依戀關係就已發生、已存在。無論這關係的型態如何，品質如何，一旦依戀情感及依戀行為產生了，就難以阻止依戀經驗所帶給我們的影響和塑造。

雖然依戀關係的品質，被歸納為「安全型」、「焦慮矛盾型」、「焦慮逃避型」，以及混合的「紊亂型」依戀關係，但在「焦慮矛盾」與「焦慮逃避」型的依戀關係中，最有害的關係型態，非有毒的依戀關係莫屬。

有毒的依戀關係

所謂「有毒」的依戀關係，就是一種關係的鏈結，所帶來的是對性命的持續危害，讓生命隨時都可能面對「沒命」的境地。

這種具毒害性的依戀關係，不僅無益於生命的存在，同時容易發生「共生」情況。也就是，雖然這段關係會令人喪命、傷痕累累，但卻無法離開這樣的關係，甚至誤以為離開這樣扭曲的關係，反而會沒命。

毒害性依戀關係的型態有非常多種形式，其中最典型的就是暴力虐待的關係，透過殘暴及壓迫行為來維持著關係，然而依戀著這樣關係的人，卻將這樣的關係視為理所當然，並且深信自己不能離開這樣的關係。

危險情人就是其中一種毒害性關係，因為危險情人有幾種共同現象：自我中心（自我未成熟）、沒有同理心、情緒性幼稚、自戀傾向、反社會性，都會導致關係中的另一人受害受傷及受苦。然而，即使威脅及恐嚇已相當明顯，應該逃命才是，但依戀這段關係的人，卻不停地要自己順服、討好，甚至害怕對方不要自己了。

迷戀毒害型依戀關係，起源自我價值感的缺乏

最主要的原因是，當人不懂自己的價值，也無法肯定自己的尊嚴時，甚至滿心充塞著自卑感，當他有機會感受到渴求的愛出現時，他會奮不顧身去投入，也會對這一段感情患得患失。他所看到的對方，都是極好，毫無缺點，完全看不出真相，若是內心更恐懼面對的是，失去這一段關係後的失落及挫敗感，還有難以自處的寂寞和孤單感，那麼對他而言，他便會用盡力氣，也要求得這一段感情，維持下去，就算是在關係裡被虐待、被惡待，甚至被糟蹋，他也無法想像離開後的自己，有什麼力量和勇氣活下去。

但是，為什麼不懂自己價值，以及對自己充滿自卑感的人，就容易遇見有

毒的關係呢？

那是因為，這樣的人，最容易合理化別人的傷害和虐待，大部分時候，他會將對方的壓迫、指責、虐待都歸咎於是自己不好，才惹得對方不高興、生氣，問題一定都出於自己。即使，偶爾覺得對方真的很忽視自己、貶抑自己，也常是委屈忍耐，因為他更害怕失去這一段關係。

不懂自己價值，且時常否定自己的人，他的自我否定和自我貶抑，恐怕是從在原生家庭的環境就開始的。他以周圍大人的眼光和角度看待自己，認同自己是一無是處，糟糕差勁透頂的一個人。這樣的長期塑造和制約之下，他絕對不會懷疑別人是錯誤的、別人是惡意的，而是將這一切的發生，習慣性地認為「是我不夠好」才會如此。在這樣的思維下，只有別人有條件捨棄他，他是沒有任何條件及能力，去捨棄別人的。

被同化的認知，認同了加害人的殘暴

另外，由於從小就可能處於有毒的家庭關係中，受虐、受暴力、受支配、受控制、受情緒威脅、受忽略，自然就容易在伴侶的選擇上，重複地、自然而然地，習慣選擇和原生家庭關係相近的模式，因為他會以為「這樣是正常的」，關係「本來就是該這樣」，而少了一份覺察和醒悟。

有毒的關係，就像是吸食毒品，一旦沾染上了，就會失去理智的能力，而墮入一種非要不可的非理性狀態。往往這種狀態的關係，不是客觀及現實感可以處理的，而是一種內在的驅力，恐慌自己若失去這一段依戀的關係，將會活不下去，將會更加悲慘和不幸。於是讓自己依賴著有毒的關係，就算是對自己有所危害，也比遠離毒害關係來得好。

這不就像毒品上癮的人嗎？唯恐離開毒品的人生，更多痛苦難受，更多無法面對的殘酷，而自願繼續依賴著毒品，以麻痺自我，麻痺心智功能。

依賴心，無法承擔自己的人生，加劇了沉溺

但最弔詭的是，一個毒品上癮的人，若不是出於自己堅定的戒毒意志，任何人都無法真的讓他們遠離毒品。對於依戀有毒關係的人來說，也是如此。即使一段關係，令他們身心受害、受傷、受虐，生命處於卑微和脆弱邊緣，隨時都可能面臨崩塌，但若非出於他們想自救的決心，及無論如何都要戒斷這有毒

的依戀關係，他人的勸誡及建議，都無法讓他們從依賴的狀態中自立起來，成為自己最重要的依靠。

許多人沉溺在有毒關係裡，日日痛苦，夜夜憔悴，生理精神都受到極大的壓迫和傷害，卻還是不斷地說服自己要為這一段關係努力、堅持，或是要自己麻木度日，不要想像任何終止關係的可能。若是深入探究，不難發現這樣的想法，源自於內在對自己的沒自信，以及「自我」感過於軟弱無力，更多的層面，是內在有太多生存的恐懼。於是，即使是一段有毒的關係，但有關係還是比沒有關係來得好，心中仍是有不放棄的想像：「或許在重要時刻，他還是會關心我、在乎我的……」

什麼是好的情感關係呢？那絕對不會是要毀滅你的一段關係

「良好正向的情感關係」，是會讓人透過關係，而願意成為更好的自己，也願意付出，讓對方成為更好的他。但關係的維繫裡，非常多的部分，是鄙視、輕蔑、攻擊，甚至虐待糟蹋，那麼這樣的關係存在，絕對不是出於「愛」，而是出於依賴。因為唯有依賴，才會令人即使生命持續地受害受苦，甚至趨近毀滅，還是「離不開」。

如果，沉溺在一段時刻都可能毀滅你的關係裡，可以確定的是，維繫這一段關係的不會是愛，更多的成分是恐懼和依賴。明知道這段關係讓你痛苦、讓你不幸，甚至不停循環地傷害你，你卻仍是緊拉著對方，害怕失去對方，那麼你該思考的是，是否清醒過後的日子，才是你一直想迴避的？

那些愛情關係中的移情和投射

愛情關係裡的投射，就是在愛戀關係中，投射出童年對愛的渴望和幻想，欲填補心裡的失落和缺憾所致。

我們在原生家庭關係中缺少的，就會企圖在伴侶關係裡找。所以，當我們被吸引時，無疑是被我們投射的「需求」和「渴望」所吸引。而我們所認定的情況或是情境，也是投射我們在內在的解讀和想像。

例如：如果你自幼就感受不到一個完整的家，也沒體會過家人團聚的時刻，是何等溫暖和幸福，你便會容易和看起來一家人很親密，家庭很凝聚的人所吸引，渴望接近那個人的生活。

又或是你自小缺乏父愛，但你其實渴望父愛，你就會把對「父愛」的渴望和想像，投射在你以為成熟、穩重，能照顧你的人身上。然後，用你的期待，去幻想對方會怎麼樣地呵護你、疼愛及照顧你。

你投射在對方身上的，是以為對方有你所沒有的，因此，和他的交往，在一起，就等於會實現你所渴羨的。這是你的潛意識想要建構你的完整，想要補足你內心的空缺。

愛情，是童年對愛的渴望和幻想

這種所謂在愛情關係裡的投射，就是在愛戀關係中，投射出童年對愛的渴望和幻想，欲填補心裡的失落和缺憾所致。

記得我在就讀研究所時，在某堂課，全班正在探討愛情的心理狀態，也就是親密關係的發生以及後來歷程，所表現出來的行為，背後的內在機制和人性運作。當年，教授說了一句：「若沒有投射，愛情是很難構成的。」

這一句話，成了我後來觀察許多愛情的關係問題，很重要的啟發。不難發現的是，在愛情關係裡的兩個人，在一開始被吸引時，都有無限的幻想，將對方擺放在一個「來愛我」的位置上，渴求對方的某些救贖，或某些滿足。

最常見的投射，莫過於一種「我好需要你」對應「你好需要我」的依賴及控制型的關係。當人的內在感受不到自己存在的價值感和意義時，他會去尋尋覓覓需要他的人，當對方出現了他所解讀的「可憐」、「不幸」、「孤單」時，他便會奮不顧身、情不自禁地落入關係，想要擔任照顧及解救對方的那一個人。

這些表面的行為，很容易看見一個人對另一個人的付出、供應和照顧，當然也很容易從旁觀者的角度，就能看見這一段失衡的關係，其實是一份透過提供依賴，來滿足自己所需要的優越感情結的投射。

然而，若再繼續探討下去，就能從這一份偏執強迫的優越感情結裡，分析出這個個體，為何那麼需要優越感？為什麼那麼非要成為照顧者不可？究竟在表現出照顧及滿足他人的過程裡，他的內心深處，是什麼樣的起心動念？這些起心動念有多少來自於他想否認及迴避的自己？

優越情結（要證明自己是強者、救世主、殉道者），往往來自於早期的自卑和無助，因為歷經過深刻的自卑和無助，而力求翻轉，透過努力不懈地追求優秀、能力和強勢，來擺脫和拒絕過往早年的形象和感受，再回到自己身上。

但是，他所擺脫和拒絕的可憐和無助的自己，並沒有得到自己的接納和諒解，也沒有得到自己的安慰和救贖，他還是深信不疑可憐和無助的經歷，是如此孤單和不幸，如果當初能有一個強者、保護者出現了，那麼自己也不會受這麼多苦。

因此，這個人很容易「投射」出自己對於無助和可憐者的同情情緒，只要深感對方孤單和不幸，就揪不過自己心裡的無意識驅動，忍不住地就想以強者、照顧者姿態，立刻伸出同情和憐憫之手，想挽救對方的不幸人生，甚至想透過自己的拯救，改造對方的悲慘人生。

他的挽救和改造，並不是出於愛，而是出於對自己當年可憐和不幸，無人依靠、無人關懷的投射，所以，他在對方身上看見的並不是真實的對方（真實、獨立而不同的個體），而是過往無助孤單的自己的疊影。

一旦有這樣的投射，這一份愛情關係，就成了偏頗扭曲的關係，有非常固執的互動模式，兩人都很難彈性自由地在關係中，和另一個人相處。一方一定要做強者、照顧者，另一方就一定要做依賴者和無能者。

所謂的寵愛，其實都是另一種形式的豢養，讓被豢養的人，成為軟弱無力的人，就非要另一個人的供應及照顧不可。

愛情關係裡，千萬種形式的投射

當然，在愛情關係裡的投射，不只這一種形式而已，更可能是千萬種形式。例如，還有一種投射也時常在愛情關係裡，就是當其中一方表達出自己的感受或觀點時，我們也很快地就會投射早年被父母數落和不滿的經驗，直接地

認定對方的表達，正是因為「不滿我」、「說我不好」，而不是好好地聆聽對方的表達裡，真正需要被傾聽和理解的焦點是什麼。

這種來自於自己內在的經驗，所造成的單一角度解讀和判斷，常常投射於外界，認定外界的真實就如自己內在的認定一般，而失去了現實澄清及客觀了解的能力。當然，在關係裡，就容易出現自己替對方自顧自地解釋，或就以自己的內在設定，指稱為對方的意圖或目的。而這個被解讀及判斷的對方，就得經歷到百口莫辯，無論怎麼表達和說明，都不會被接受和相信。

只要有關投射，都是來自一方自顧自地想像和解釋，不和另一方溝通及澄清，也不接受另一方真實地表達和反應。更常以一種「我覺得你會喜歡」、「我想你是希望我這樣做」、「我覺得你就是這個樣子」的語句出現，在這些語句表述裡，其實都只有一方的呈現，而另一方的真正想法和感受，都是被漠視、被消音的。

我曾跟一對伴侶諮商，這一對伴侶每回的衝突或發生不快樂情緒的情境，就是其中的男友，當工作或生活遇到壓力時，會憋著自己獨撐，並苦思著自己所遇到的問題，這種悶著獨自煩惱的狀況，會被關係中的女友解讀及判斷「他在關係裡很不投入、漠不關心我」，而女友之所以如此解讀，是來自過去家庭經驗的投射，她眼中的父親對家庭很不投入，對子女漠不關心，她的父親在她的心中，是一個只顧自己，根本不懂怎麼愛家人的冷漠父親。所以女友看見男友的悶不吭聲、言不由衷，或是好像把她的存在隔離於心門外的時候，她的無名火就上來，一種卑微的、羞愧的、不安的情緒感受，排山倒海而來，轟炸了她自己，也轟炸了男友。

而當男友表現出不知所措，甚至出現恐懼及驚嚇表情時，女友瞬間陷落在罪惡感的自責，及受傷感的脆弱中，痛不欲生。

投射，之所以在人際關係裡千變萬化，層出不窮，那是因為人都有一個傾向，以過去的經驗去定義現在發生的情況。我們越在未知中，越會用過去的經驗想要強加標籤及判斷，好讓我們的不確定感及無法掌控感，盡快地抓到什麼線索，來加以防範或加以反應。這樣的情況下，投射就像是無形的子彈，總在人際關係裡，流彈四飛，胡亂掃射，讓人千瘡百孔。

若沒有自我覺察力，也對人際關係的投射現象沒有認識的話，那我們就可能還沒有搞清楚發生什麼事之前，就倒臥在被投射所波及的人際血泊中了。

移情，複製著關係的型態，懷念著某個舊人

在愛情關係裡，另一種起源，很容易是來自「移情」的關係。也就是個體在過往一段關係裡的互動模式，以及當中的愛恨情仇，甚至是渴望和未竟之事，在後來和某一人的關係中，再次展演和複製。

曾經，我接觸過一位男性，這位男性的愛情關係，都有著相似的對象。所謂相似的對象，就是這些對象們，都有著他的初戀女友的氣質和相似的外貌。而他與那些對象的互動和相處方式，老是複製過去和初戀女友的生活模式，也不自覺地總是會將後來的對象和初戀女友比較。甚至，會要求後來的對象去做一些初戀女友會做的行為。

在所有來自「移情」的關係裡，都會隱藏著一個「舊人」。此「舊人」已不存在，但移情的人還在尋尋覓覓，能再一次重演那一段關係，或是讓自己彷彿還置身在那一段關係裡，並未失去、並未分離。

而這一個「舊人」，可以是任何一種身分的人。例如最典型的「移情」，就是眷戀父愛或母愛，而把自己對父愛或母愛的需求或依賴，移情在一些年長者的身上，像是主管、教師、長輩的關係上，希望自己可以永遠處在「孩子」

的身分上，被照顧、供應和滿足。因此，對此人而言，他的愛情也並非出於成人的愛，而是移轉了兒童時期對愛的渴望和需求，在愛情的關係裡。當然，他在愛情關係裡的呈現，就容易投射出早年在原生家庭依戀關係裡受傷和自我概念。對於關係裡的另一方，也容易坐在「孩童」的位置上依賴，或是索求滿足，不是建立一段平等、互相尊重及支持的關係。

心理治療的關係，也非常容易出現病人（個案）將慾望轉移到治療師身上，而渴望得以實現的過程。也就是說心理治療中的移情，實際上是病人在童年時對一個客體的情感，這個客體尤指向父母，在治療過程中轉移到另一個客體或另一個人身上，通常這個人是病人的心理治療師。「負向移情」表現為病人憎恨、謾罵、抵抗治療師；「正向移情」則是病人投擲到治療師身上的情感是積極的、溫情的，或是仰慕的。所以，治療關係中，偶有病人愛上治療師的情形，實質上是移情的發生，並非是真實及成熟愛的關係。

人類迴避不了移情和投射的存在

不論是否在治療歷程及治療關係中，投射和移情皆是我們日常中，會大量出現在人際關係的現象，特別是愛情關係，因為涉及愛與被愛的滿足，就更容易在未覺察的情況下，投放出大量的內在缺乏和慾望。

人類的關係裡，是很難真的擺脫或終止心理投射和移情的產生，所以我們不是以斬草除根的態度去面對，而是以接納和覺察的態度去坦承面對。當我們有一刻能夠覺知到投射和移情的發生時，除了好好地反思這一段情感的立基點為何，也給自己一次誠實面對內在傷痛或缺憾的機會。然後，好好地轉身看見自己，從自己內心深處去培養和自己的情感，你先懂了愛自己，也才可能真實地懂了什麼是去好好愛人。

及時停止那些混淆的投射，和意亂情迷的移情想像，我們也才能在面對愛情關係前，為自己做好「真實進入關係」的準備，以真實的自己，安然地迎接愛情關係為自己帶來的自我修練機會。透過愛情關係，我們都可能因此更成長，也更加地自我成熟，因為正向情感的關係，會讓我們更多地認識自己，也更多地理解他人。如此，世界就不是單一的偏頗想像，而是一起共創及互動出來的真實體驗。

真實的愛，不會讓人越來越憔悴和焦慮

他們往往無法正視自己這個主體的存在，
反而以另一個人的存在，作為自己關注的對象。

上一篇說：你少了什麼，你就會想從關係裡找什麼，這一篇我們要繼續探討。

如果，你沒有自己的價值感，你就會想從關係裡找價值感，拚命地為那人付出，以為這樣可以獲得那人的肯定與重視。

如果，你無法對自己接納和寬容，你就會想從關係裡找包容，期待那人無止盡地撫慰你、包容你，無論如何都不會評價你。

如果，你不知道自己是誰、不肯定自己的存在，你就想從關係裡，找尋被肯定，也透過對方的存在，來對應自己的存在。若是對方消失了，你就不知道自己是誰了。

如果，你不曾夢想自己的人生，你就會從關係裡找夢想，以對方的夢想為夢想，讓對方的夢想實現成為你的夢想，你以為你的人生終究是有夢的。

如果，你缺乏了安全感，不知道怎麼信任自己，你當然也會從關係裡去找安全感，你要對方的保證，和對方時時刻刻的保護和回應，若和對方有所分離，或是無法接繫，你就會立刻掉進不安全感的深淵，始終接不住自己。

關係的存在，並不是用來補償和索求的。若關係不是來真正地認識彼此，和真實交流，而是在關係裡找缺乏的，那麼，你找來補償內心缺洞的關係，不僅可能讓你賠上你所擁有的，最終，你以為能被補償的，其實仍然是一種幻覺，仍然是一場空。

強迫型愛戀者的執著

這種想透過愛情，來迴避自己空乏或不足感的人，相當多。他們往往無法正視自己這個主體的存在，反而以另一個人的存在，作為自己關注的對象。有些時候，以強烈的為對方付出的用力程度，來作為自己存在的證明。

當然，在用力地付出或者用力地追求對方的過程，都是在累積內在想要得到回報的能量。當關注對方越多，就越希望有一刻，對方能以相同質量的關注

回饋自己，這是人在關係中，都會有的人之常情。

然而，若是絕不認輸、絕不能忍受失落感的人，那麼，他的付出裡，就一定要看到自己想要的結果，他是無法接受在他所期待的結果之外的任何可能。

越是不服輸，越是不想承認自己竟然得不到，人就越容易固執的孤注一擲，用盡所有力量欲做最後一次冒險，也不希望放棄。這種對「不能放棄」有著強迫性意念及強迫性作為的人，即使眼前的真相已告訴他，情況已血本無歸，情勢已節節敗退，甚至已到了人財兩空，他也沒辦法讓自己停止再陷入這場過度期待的幻想中。

除了很難接受「現實」是什麼之外，他與外界的接觸和互動，大都停留在自以為是、自我認定的解讀上。這種脫離了「現實感」的關係妄想，即使對方已拒絕了關係，拒絕了再進一步接觸，或是根本就不想要維繫和擁有這一段關係，有著強迫型傾向的愛戀者，仍會以自己的主觀判定，逃避現實呈現出的真實情況，強加自己的解釋和理由在對方身上。

這種情況相當詭譎複雜，常常出現的例子像是：對方已經不想回應訊息，也停止再接觸的意願，但強迫型愛戀的人，會自顧自地解讀：「對方是拉不下臉來，也許對方還在等我主動和他接觸」，或是「這一切不是他真心想這麼做的，或許他有苦衷，只要我再繼續付出、繼續跟他保持關係，我們現在的僵局都會改變，其實他是在乎我的。」

也就是，不論對方說明及呈現自己如何看待這一段關係，或是採取了行動，和這一段關係保持距離，甚至不再接觸，固執地要自己絕對「不能放棄」的人，並不會收下對方的訊息，也會否認對方已經非常明顯的拒絕反應。

但與其說，強迫型愛戀者是固執得「不能放棄」，不如說在他的內在，真正承受不了的是「被拒絕」的失落感受。這種失落，相近於挫敗感，會引發強烈的挫折，打擊著微脆的自尊。同時，失去依戀對象的感覺，也會讓他經歷到對自己強烈的自我否定和厭惡，因此，更不能輕易地接受對方拒絕關係或對關係冷淡的態度。

強迫型愛戀者，有自己的劇本，有自己編寫好的劇情，也許在這劇本裡，有著強迫型愛戀者最美的想像、最渴望的人生畫面，因此，他力求實現，用盡心力就是要讓他在腦海中閃過的情節和畫面，真的落實在他的生活。然而，這些劇本和情節，他都沒有要考量對方的意願和感受，也沒有要真的在乎和關注對方的想法和觀點，當然談不上尊重。

於是，強迫型愛戀者所呈現出來在愛情中的姿態，總是用盡心力、竭盡所能，怎麼也不願意放棄，甚至讓人感覺到幾乎是死纏爛打，以卑微的態度不斷苦求著對方的關注和愛，使別人感到不舒服及罪惡感，卻又不由自主地泛起對他的同情和可憐。這種以示弱姿態所進行的對關係的強迫，實在讓人動彈不得，也讓人感到有理說不清的窘境，不懂究竟要怎麼溝通及表明，情況才能有個休止符。

愛，為何會讓你心力交瘁？

如果，你是屬於這類強迫型的愛戀者，那麼，在你的人生裡，可能有非常多的經驗，都是以一種「拚了命」的態度，才能獲得想要的結果。所以這種對「執著」的相信，顯示的是你在方方面面都以最大的付出、最死命的用力來讓自己咬緊牙關，度過艱難，然後務必要讓自己獲得最終的勝利。勝利、成功，對你而言，太重要了！不論課業、比賽、競技表現，你都要自己不能輕言放棄，也始終相信：堅持到底，終必成功。

但是，人生誰無失敗和失落呢？你當然也有你的失敗和失落，但你面對失敗和失落的方式，不是去安慰自己的心，也不是去試著接受這世上會有失落、失敗的可能，反倒是不停地努力找錯，再不斷地以更大的能量去扭轉，企圖改變結果。

或許，你曾經以這樣的方式，讓自己得到最想要的殊榮，或是做到了別人根本不看好你的那些成就，但是，你忽略了那些你所堅持的都是屬於事物，是你可以單方面決定、單方面練習，也單方面累積效能的。當你將這種堅持，這種強力的控制，用在與人的關係上時，你單方面的控制、計畫、安排，就成了對另一個人的強迫及壓迫了。

愛，不該讓你如此心力交瘁，也不該讓另一個人痛苦不堪。

但是，你無法感受到自己在「死命必達」過程中的痛苦，和那些非要自己一定必須如何的強迫，你就無法感受到他人的被強迫的痛苦，也難以體會別人根本不想要接受這樣的對待。特別是那些你自認為用盡心力、傾囊而出的給予和關注。

如果這是你認為的「愛」，那或許你所謂的愛，只是你投射出的幻想及美夢，而不是兩個人真實的互動，及彼此確實的存在。

所謂的愛，其實只是強迫別人配合演出

其實，很多人的關係裡，所謂的愛情，多得是要對方配合演出。自己將劇情想好、角色分配好，或許連台詞都編寫好了，在自己的愛情劇裡，對方只要配合演

好，不要破壞了這一齣劇的精心策劃，否則就是不夠完美，否則就是辜負期待。

而這種配合演出的情況，我們或多或少都不陌生，也許最早，從原生家庭開始，我們就是這樣配合演出：演出爸媽心中的完美小孩，演出爸媽口中的乖寶貝，演好大家想要看見的優秀模範生。

為了不要讓爸媽失望，為了不要看見他們眼神中散發出的黯淡傷心，你或許不斷地強迫自己，努力再努力、堅持再堅持、好要更好。只要你稍微鬆懈了，可能靠近失敗或失落，你就驚慌失措，深怕自己放棄，深怕自己一不小心就真的讓爸媽失落而傷透了心。

但是，你沒有想過，你怎麼要求自己努力配合爸媽的期待，怎麼強迫自己演出完美的孩子，你就會在愛情關係裡，習以為常地強迫自己，同時也理所當然地強迫別人。而這一切，就像小時候一樣，只要是「以愛之名」，一切的不合理，都會被合理化成那麼地理所當然。

看見你的及別人的焦慮和憔悴，這才是真的

如果是愛，愛怎麼會帶給人痛不欲生的強迫，及完全被漠視的憔悴呢？

愛，若是真愛，那愛是包容的、接納的、真誠的、安全的、滋潤的、情感流動的，讓人活得有希望、有光明。

愛裡，不會有恐懼；有恐懼的，那是敵意和仇恨。

如果你真的愛對方，你不會想要對方活在焦慮恐懼中；如果你真的被愛著，你也不會是時時刻刻活在焦慮恐懼中。焦慮和恐懼，消耗著人的生命能量，讓人提早憔悴與衰弱，這根本和愛背道而馳。愛，不會讓人宛如置身在地獄中，也不會讓人活得越來越恐慌不安。如果，以製造恐懼來索求愛，那是威脅、恐嚇，也是對關係的傷害。

所以，正視你在關係裡的焦慮和憔悴，或許是你帶給他人的，或許是他人帶給你的，或許是你不斷地為自己製造的。當你承認焦慮和憔悴的情緒感受存在，那麼放掉你緊緊執意的「我一定要」的念頭。「無論如何都一定要」的意念，往往都有著自己最不想面對的落空，也有著對他人最殘暴及最無情的逼迫。

如果真是愛，那麼即使關係落空了，也會因為愛的緣故，願意自此之後，愛過之人有他自己想要的人生。而自己，在轉身過後，因此更懂了愛的真義、愛的內涵。

老日子來臨，我們的愛去了哪裡？

所有的好日子，必然都會消逝，因為兩人根本沒有長久相處的能力。

愛情裡，最美的期待就是：「因為有你的存在，我的生命從此更美好。」我們都期待因為有愛人的出現，原本乏味或孤單、單調及封閉的生活，因此有所不同。因為走進彼此的生命，我們相互地把自己原本的世界分享給對方，並參與了對方所存在的世界。

這種將世界交換、交流的體會，新鮮又有趣，刺激又充滿興奮。於是，我們相互參與彼此的生活圈、社交圈，過一種對方所帶來的「不同日子」，世界因此變成彩色，一切都充滿吸引力，讓人不禁想要有更多的體驗，更多的探索。若不是因為對方出現，可能自己原本的日子，是無法接觸到這些不同的世界，認識到不同的人事物。

在這樣的時刻，對彼此的好奇及興趣，讓我們相戀相愛的生活，成為我們最美好的日子，無論膩在一起多久，都不嫌累和倦；無論一起去哪裡，做了什麼，都是這麼甜蜜和歡樂。

高峰經驗，終究會過

但這樣美妙的關係高峰經驗，蜜月期終究會過。當兩人交換的世界，漸漸都熟悉了，本來會興奮的、期待的那種心臟怦怦跳的感覺，也越來越平緩，甚至平淡了，以致對方會說的話，和自己會說的話，開始循環成大同小異的對話時，那美妙的好日子，不再具有新鮮度。參與對方的生活，以及配合對方的習慣，都成了一件苦差事。

這就是愛情的熱度退卻的模貌。再激情過、熱戀過的情感，總要回到最真實的現實生活場景。就像仙杜瑞拉和王子的浪漫相遇，一到凌晨夜鐘響起，一切都會回到魔法消失的情景，現實的醜陋和險惡、困境與磨難，還是一動也不動地杵在那裡。

原本的日常模樣和日常狀態，一一現形。這時的兩人，終究會感受到乏味的無聊，及無話可說的窘境。

事實上，我們要愛情的新鮮和刺激，卻不一定準備好要投入心力「建立關係」的過程。當對方還有某一些吸引力來讓我追求、在乎、滿意時，這一段情感被視為還有存在的價值。但是，當這一段情感，開始滋生出摩擦、不滿意和不和諧時，這一段情感就成了懶得溝通、懶得互動，及嫌累嫌煩的麻煩，雖然棄之可惜，卻也毫不珍惜。

無能力相處及相愛的兩人

阿凱和文郁就是陷在這樣的情感關係中，無法進一步溝通出兩人共同想要的生活型態，但老早就已乏味、無感覺的關係，讓兩人只好自圓其說，兩人的情感已昇華，成為後天的家人，即使沒有婚姻關係，還是可以彼此相伴。但相伴的方式，就是各過各的，只是共住在同一個屋簷下，彼此有個照應罷了。

但是，就算是合理化了兩人的關係變化：「雖然不再有愛的感覺，但熟悉感，也是一種情感連結的要素」，但兩人的生活越來越平淡乏味，即使共同做著一件事，例如吃飯，兩人也可以一句話都沒說，一個看著入迷的韓劇，一個看著自己的電子書。更不用說大部分的生活時間，他們的生活、工作、社交都沒有任何的交集。說明白點，當確定成為愛人的關係之後，他們就各自回到自己本來的生活習慣裡。原本就不愛與人互動的阿凱，繼續地當個有伴侶的宅男；而原本就喜歡社交、熱鬧及聯誼的文郁，就繼續去尋找可以參與的團體和活動。

問他們兩位，何以要在兩人的關係裡，繼續過著單身一個人就習慣過的生活？

阿凱回答：「這樣過日子我最舒服啊！我又不會管她去哪裡，給她自由啊，只要她開心，我一個人在家無所謂。」

文郁則語帶一些無奈地說：「我希望他能多跟我去參加活動啊，像以前一樣啊！但不知道為什麼他後來都說好累，他休假想要輕鬆一點兒，不要再去什麼活動。但要我陪著他在家，看他一個人上網、看電子書，什麼話也不說，我也快悶壞了，乾脆還是我自己出門活動，還比較快樂。」

既然差異這麼大，生活沒有交集，兩人之間也鮮少互動，那怎麼會是親密關係呢？何以還要維繫這樣的一段關係呢？

阿凱回答：「總是有一個人在身邊嘛！偶爾自己怎麼了，還是有一個人可以回應嘛！」

文郁則說：「就習慣生活在一起了，也不確定分開之後，是不是會更好？

這樣的日子雖然不滿意，但終究有一段關係啊！何況這一段關係也不挺壞，他那麼老實，不劈腿，也沒有什麼壞習慣。說要分開，也好奇怪。」

如果，再問多一點兒，這樣的關係你們真的可以一起走到最後？人生說長不長，說短也不短，你們要將生命消耗在這樣像死水的關係裡，等著發臭發爛到有人被薰走？

阿凱沉默，想一想之後說：「就撐到不能再撐為止吧！看誰先受不了，不要這一段關係。」

文郁有點難過地說：「我知道我們之間早已沒有愛的感覺了，但我不知道為什麼我們會變成這樣？為什麼留著這麼無趣，離開又這麼害怕？」

習慣和依賴，乏味的日子必然來臨

這是多少人的感情困境呢？我們難以改變自己要的生活狀態，也沒有誠意去共創兩人的生活新型態，那麼，無法避免的惡性循環，就一定會展開。

在愛情裡，人都有一種最浪漫的想像，會有一個人無論如何愛我至深、愛我到底，不管我做了什麼、沒做什麼，對方都會愛我至極，跟隨著我的腳步，前前後後愛相隨。在愛情裡，我們可能在找的，還是那一個什麼都會配合我行動的對象。而不是真真切切地認知到：當愛情來臨，這是兩個不同的人的相遇，若沒有相識，及相互重建共識，那麼，愛情來了，也只是一場絢麗而短暫的煙火。等到日子過久一點兒，原本看似美麗的好日子，也會變成失去活力，沒有交集的老日子、乏味日子。

兩人的關係，若是你看不慣我的生活型態，我看不過去你的生活樣貌，但我們都無能為力向對方表達，並尋求對話的可能性，也難以意識到所謂的親密關係，就是兩人的連結，兩人的生命共識，是一種我們都能在關係裡，安心是自己，同時樂意在乎及珍惜對方，那麼，所有的好日子，必然都會消逝，因為兩人根本沒有長久相處的能力。

過好日子，不要過老日子

每個人都想過好日子，但每個人的「好日子」都不同。你的好日子是什麼？我的好日子又是什麼？我們可否都明白了自己要的好日子，以及對方要的是什麼樣的好日子？

當關係的好日子，變成老日子，不再有愛的感覺，不再能為對方柔軟、在乎，也不再能感受到兩人的親密感和信任感，到底以前的好日子去哪裡了？這是關係中的兩人，必須要共同找出的癥結。

關係，其實不怕生變，也不怕衝突，而是怕無法相互理解，及沒有意願和能力修復破裂。原本就不同的兩個人，要能成為生活步調和軌道能一致的「我們」，這不是兩手一攤，對關係置之不理，就會自然而然形成的。如果沒有這樣的認知概念，願意對關係付出和深入經營，那麼愛情就只好如煙火一樣，總是瞬間熱力四射，又瞬間消逝了。

親愛的，為何我們不再親密？

當我們的心和身體，不再為對方溫柔，也不再能感受愛的溫度存在。

在親密關係中，「性愛」的親密撫慰，不可否認的，是關係生活中的一部分。而「性愛」之於親密關係的意義，不僅只是為了繁衍後代的功能，更重要的部分，是身心親密的一種深刻連結。不僅是身體對觸摸及撫慰的渴望，還有心理情感上安全緊密相依感的一份需要。

人的親密情感需求，其中一部分，便是包括對親密及性愛的渴望。透過性愛過程的膚觸，及生理、心理的滿足，將兩人的關係層次，帶往一種特別的、具有相歸屬性的，同時更加深入及緊密地結合。

一份研究結果說，至少近一個月沒有性愛了的CP，他們比起其他人更不快樂。從這個結果看來，或許可以反過來推論，正因為他們不愛彼此了，所以不常做愛，無法靠近彼此。

因為沒有愛的感覺，漸漸地也無法親密

然而，事情有這麼簡單嗎？

是因為不愛彼此了，所以不再有做愛的親密交流？還是，在做愛的親密交流中，感受不到自己被愛、被重視、被接受，而慢慢地拒絕性愛的親密接觸？

在我的心理諮商工作上，不乏遇到許多在親密關係中，不再有親密接觸及性愛交流的當事人，困在關係中鬱鬱寡歡，對這種關係裡的僵局，不僅動彈不得，還十分懷疑自己不被愛，不再有吸引力，不再能討得親密愛人的歡心，而引發對自己的懷疑、沮喪和挫折。

這讓我花了不少關注力在親密關係與性愛心理的議題上，探究何以親密關係中的「親密感」、「性愛行為」越來越消失？越來越停止？不再對彼此有渴望，也不再想要對方的親近？

撇除那些追求刺激感的性愛愛好者，不需將性愛交流奠定在心理距離的親密度上，對於大多數講究心理親密的伴侶來說，要能保持性愛的頻率和熱情，就需要心理的情感親密感，來燃起沸點和渴望。

根據一些研究的結果，兩性之間，在性愛過程中，所需求的有相同之處，也有不同的需要；男性大多希望女性多一分誘惑、更加主動、更具挑逗性、更性感，甚至下達更多的指令；而女性想要的則是聽到更多表達愛的稱讚、更多一分溫柔，及一種深刻完全的融入。而共同點在於，希望對方主動地誘惑、給予帶動指引，以及嘗試不同的性愛體驗。

當我們之間只剩下角色和身分

然而，性愛的渴求和相互滿足，往往需要興奮動力和情感溫度做燃點，當關係一旦進入「常態生活」，每天的相見相處成了一種習慣和一種穩定時，各自啟動的「角色」狀態，漸漸取代兩個「人」的存在。我們可能很難再從對方身上看見「愛人」的存在，而較多是從對方身上看見「先生」、「太太」、「孩子的爸」、「孩子的媽」、「一位女婿」、「一位媳婦」、「男朋友」、「女朋友」的角色責任和期待的存在。

曾經，有好幾回，我從身為人夫的個案口中，聽見他們坦誠地說：「我無法靠近我的太太，自從她當媽媽之後，我覺得我失去了太太，我們的家只有『母親』，面對這個『母親』，我也像一個常害怕自己會做錯事的『孩子』。」

有一位男性諮商個案更直接，他直白地說：「我無法和『媽媽』做愛。」

若回到女性伴侶的經驗呢？許多困在親密缺乏、性愛貧乏關係的女性，都難掩一種受傷的表情，像是被嫌棄、被打入冷宮，不得寵愛的女人，不僅哀怨，也充滿著寂寞。

而反過來的例子也有，男性還渴望享受魚水之歡，渴求從性愛過程裡，感受經驗自己內在的雄風，但妻子早在家務及孩子照顧的過程中，疲憊萬分，排斥性愛的發生，不想再費力費心地讓另一個人滿意或喜歡。

性事的阻礙和停止，成為許多親密伴侶間，知道卻不能談論的心理障礙。

無法親密是一種心理障礙

在一本日文翻譯的創作書籍《老公的陰莖插不進來》（平安文化出版），裡頭寫道：「我就開門見山地說了，我老公的陰莖插不進來。我是說真的。我們交往的二十年來，這個『進忌』問題一直折磨著我們。我從未跟任何人提起

過這件事，畢竟這實在難以啟齒。我媽媽因為不知道內情，一天到晚問我：『你們怎麼結婚這麼多年還沒有小孩？去看個醫生吧。這並不丟臉，很多夫妻都生不出來啊！』事實上，我從來沒遇過苦於『進不去』的夫妻。『陰莖插不進去？妳別擔心，這很常見喔！』——如果我跟醫生坦承，會得到這種答案嗎？要我開口問醫生這種事，我寧願獨守秘密一輩子。到頭來，我沒有選擇生兒育女，而是跟老公像兄妹一般相處，又或是像植物一樣默默相守下去。」

這本書是作者的親身經歷，也是她隱藏在內心的秘密，雖然當中或許探討了另一種形式的夫妻之愛，但不可否認的，想要親密卻無法親密，或是不想要親密於是更害怕親密，是親密關係裡，無法躲避的議題，同時考驗著每一對親密伴侶面對的勇氣，和溝通的智慧。

置之不理，假裝親密的障礙不在彼此之間，絕非是好的方式。當然，親密的感受和形式，並不侷限在「性愛」的行為，包括平日的情感交流、溫柔溫暖的肢體接觸，還有內心想法的溝通和分享。然而，當兩人的關係中，確實有情感的交流、放心及安心的肢體接觸，還有內心想法的真誠分享，那麼性愛的撫觸及相互滿足，就不會是一種抗拒和阻礙了。

或許，從「性愛」行為的頻率日漸趨少，也不難看出兩人關係品質的變化，特別是越來越少碰觸彼此的身體，眼神及面容越來越少關注彼此。彼此之間也越來越少對話的時間，只要一說話，雙方就話不投機，總是進入爭執和相互攻擊的狀態。那麼，這樣的關係，性愛的缺少只是後果，關鍵的問題，或許在於兩人的關係裡，愛的滋潤和體貼，早已蕩然無存。

也就是，我們的心和身體，都不再為對方溫柔，也不再能感受愛的溫度存在。

注意生活壓力，對親密的扼殺

當然，在探討親密關係的「無親密感」這個問題時，撇開不了生活的壓力，所造成彼此身體及心理的疲勞感。當角色責任和照顧家庭的勞務，把彼此壓得喘不過氣來，內在沒有好的情緒能量了，就會把自己的無力和焦慮，轉嫁到對方身上。其實，內心很想要獲得對方的疼惜和肯定，但說出口的話，往往容易呈現出埋怨，指責對方沒有多再做一點兒、多承擔一點兒、多努力一點兒……

這種壓力缺乏關照及管理的情況下，日子每天累積下來的混亂和疲累，若兩人之間沒有察覺，而給關係一些時間沉澱、談心、相互情感交流，那麼，麻木和硬撐下來的兩人，就會慢慢形成情感封鎖的高牆，再也無法讓情感流動出去，同時，接收不到任何情感到內心流動。

除了親密感的消逝，缺乏性接觸的伴侶，也逐漸失去對於彼此身體的熟悉感，那些溫度、柔軟，都會日漸從彼此情感記憶中淡去。「親密」伴侶不再「親密」，或能自我安慰地說，這是一種「親情」的昇華，然實則究竟是「昇華」？還是「枯竭」？自己心底深處的那份孤寂、冷清，會告訴自己真正的答案。

親密伴侶當然可以是生活、事業的好夥伴，但愛侶之所以為愛侶，結合的初衷正因為是彼此相愛，若是失去了親愛感，彼此之間變成了手足、室友、同事，那也無怪乎心中對於親密的需求，再也無法有從對方身上得到滿足的可能了。

性愛，是人類原始的慾望之一，但它有別於其他物慾，它與情感撫慰、連結的需求息息相關，與其說是情慾的需求，不如說是對於愛的渴求。真實互重的相愛關係，將帶給彼此高品質的情愛生活；而親密滿足的情愛生活，同樣會增加彼此相愛感受的提升。勿忘相愛的初衷，不要冷清了彼此身體的溫度，才是親密關係真實的昇華。

愛情的意義

療癒關係裡曾受過的傷，終於懂了愛。

只要有過愛戀的人，不論是交往了一段日子，或只是單戀，苦無勇氣表白的，只要你愛過人，被人愛過，你就會知道，愛情，是我們照映自己究竟是什麼模樣，最好的一面鏡子。

愛情的發生，最先的開始，往往來自渴求有人「來愛我」。

而我們會想要一個什麼樣的人來愛我呢？有些人選擇的對象，是來自內心所投射的理想化形象。選擇一個具有理想化形象的對象，是期待拯救自己不佳的自我觀感，那些「我還不夠好」的自我貶抑，都能透過對方的存在，以及產生情感關係，而感覺到自我價值感提升，層級有所不同，來擺脫了原來的可憐蟲、不幸者的狀態。就像是原本是醜小鴨，因為愛情的降臨，成為高貴天鵝的想像。

有時，相反，我們透過選擇一個狀態很不佳的對象，來試圖隱藏自己不佳的自我觀感，掩飾自慚形穢的自卑感。因為自己的憐憫也好，同情也罷，愛上了一個人生挫敗、情緒沮喪的人，然後竭盡心力地想要以自我犧牲和奉獻，來挽救對方的人生。雖然表面上，這一份愛有高貴的情操，但底層的私欲，卻是由此關係，來證明自己生命的價值，以及達到高人一等的優越感。

詭譎難以捉摸的潛意識作用

如果再更深入探索，就會發現自卑心的作用，可以讓一個人撇棄可以得到幸福、被善待的機會，那份深層的「**不允許自己可以幸福**」的念頭，只能讓自己選擇一個會拖累、會製造不少生活問題的對象。而這樣的一個對象，會依賴他，離不開他，也就較少可能嫌棄他、離開他。

所以，感情關係，透過你選擇的對象，是最能顯示出你的內在狀態，究竟健不健康的最好途徑。如果，過去的生命歲月及遭遇，讓你深埋了一些難堪的自我厭惡及排拒，那麼，你就有可能渴望從愛情關係中，來得到救贖和補償。而無論你選擇了什麼樣的對象，獲得救贖和補償，就成為你生命最重要的事，如果事與願違，就會給你致命的一傷。

有一位女性，生活非常單純。她的父親早逝，只有她和母親相依為命。可能過早失去父親，令她非常擔心也失去母親，因此生活幾乎和母親寸步不離，也以母親為重心，事事都要遵從母親的意見，以母親的需要為己任。

生活雖然單純，但自小開始，她就常聽母親說，他們的家世不好，出門在外很容易就遭受歧視，得不到尊重。母親也曾不止一次地告訴她，要小心和別人的交往，不要被人欺負了，還有，別高攀那些和他們家情況差異很大的人家，這是自取其辱。

這位女性將母親的訓誡，牢牢記在心裡。對於一些有權有勢的人，更是說不出為什麼地就感覺厭惡。她的世界裡，就這麼地成了兩個世界：一個世界權高位重、得勢得利，而另一個世界，就是像他們一樣，孤苦無依，任由命運捉弄。

於是，當她遇見了一個向她訴苦，對她道盡自己的不幸命運的男子，說著如何受盡他人背棄，受盡環境欺壓，以至於家財散盡，窮破潦倒時，她不禁地對他湧起悲憫之心。

是的，她懂，她都懂，那種被命運捉弄，鬥不過勢利社會的辛酸和悲憤。她無法不幫助這個人，這個人身上有著她的命運影子的人，不忍他的不堪及坎坷，也好想給他一個得志的人生。

她無意識地一頭栽進，將自己的所有積蓄，全然地「奉獻」給這個男子，男子滿心地感動，讚許她是這世界最懂他的人，遇見她，是他不幸命運裡的最美禮物。他何德何能，能擁有一個這麼善良、不以勢利看人，如此善解人意的愛侶？

於是，她全然地將自己的一切都分享出去，為了讓他有一個穩定的居所，她付錢租屋；為了讓他不要感覺漂泊無根，她每天做飯做菜料理家務；為了讓他如願得志，她貸款借錢供他創業……

偉大的愛，背後的真相

直到她身上的債務越積越多，銀行的催繳單逼得她喘不過氣來，再也無法以借貸度日了，她還是沒有看見她的愛人振作起來，實現了他曾經承諾的安定安穩。就在她承受不起這超載的經濟壓力及生活負擔時，對方竟然以一句：「我們的愛消失了，現在見到妳，只會讓我感覺到罪惡感，這讓我很不舒服，我們還是分手吧！」的訊息，從此音訊全無。

在男子離去的那一刻，留給她的不僅是無法結清的爛帳，還有難以癒合的心碎。她懷疑自己，何以看不清男子的真面目？也對自己充滿怨懟，

如此犯傻，才把自己推向碎屍萬段的深谷。

她成了無法原諒自己，無法面對過去種種的人。她的人生就這麼搞砸了，不知道為什麼偏偏會是自己，走到這般混亂處境？原本的她，有個單純的生活，也總是要求自己的言行舉止要正直、要謹慎，不讓生活有機會出任何亂子。若非愛情，令人神魂顛倒、神智不清，又怎麼會付出這麼大的代價，讓自己狼狽不堪？

她想大哭大吼，找出那個男子，質問他為什麼要害人？為什麼要布下這一場局，讓她以為遇見真愛？為什麼讓她誤以為，終於要被珍惜，要被好好地疼愛時，卻發現踩了一大空？

然而，她也知道她找不到對方，她知道他的事太少，她甚至不知道過去他所說的，是不是都是真實的？

她也不知道自己有沒有勇氣，真的找出他，再去面對一次難堪，再去證實一次自己的愚笨。

真正的療癒，從你認出自己的原位傷開始

不知道用盡了多少力氣，花了多少的時間，她才稍微離開受傷、自責、怨

恨、無助的處境一小步，開始回頭看了看自己。又不知道用了多少方式，她才在內心深處裡，看清楚了有一個黑暗的自己：自卑、嫉妒、憎恨、空虛、寂寞……長年被隱藏、被忽略。

這一個自己，長年被鎖在內心的地窖，就像是長髮公主一樣，孤單、寂寞，缺少陪伴和愛，始終在等一個王子出現、解救，好離開那暗不見天日、觸摸不到外面世界的封閉空間。如果沒有一個王子出現，她絲毫沒有勇氣，去試著探險、摸索、接觸這個世界。

而她以為，出現的必然是王子，而不知道，出現的未必是帶來愛和拯救的王子，而是一個讓你不再活在虛幻夢境的殘酷者、破壞者。

然而，即使在夢醒之後，深知自己錯愛了、錯覺了，若能深刻地遇見深藏在內心黑暗的自己，還是有機會透過自己的手，來救贖他、釋放他，不再一直空等著誰，來拯救他的淒涼和寂寞。

這就是每一段感情出現和消失，即使痛徹心扉，也仍有意義的所在。

在漸漸療癒的過程中，一點一滴明白，雖然不是每一段感情都有美好結局，但只要能讓你的生命成長，臻於成熟，那所有經歷過的情感，無論是美好是痛苦，都會是你生命裡，真正懂愛的重要歷練和啟示。

不懂愛自己的人，會在關係裡耗竭彼此

巨大心靈破洞，在生活歷程中，時時都會反映出對自己的懷疑和否定。怎麼看自己，都覺得自己不好，甚至不斷出現疑惑：「我值得存在嗎？我值得被愛嗎？」

所謂的愛自己，所指的就是你在心中，對自己的觀感為何？是負面感受多，還是正面的感受多？並且，喜愛自己的感覺是否穩定？這也是一個人自尊穩定與否的關鍵。

一個人，若對自己的感覺，常處於負面的否定反應，對於自己的價值及存在的位置，也長期懷疑及不確定，那麼，他就有非常多的心理需求，必須仰賴環境中的他人的回應和提供。

每一個人都會有內在的心理需求，諸如：安全感的需求、自尊的需求、愛與歸屬的需求、自我實現的需求。這些心理需求，是我們個體生命成長的過程，能否完成自己生命的意義，及成為一個健康成熟個體的關鍵。

當我們還是小孩時，這些心理需求的發展，確實必須透過外求來獲得滿足：期待大人的回應、期待大人肯定、期待大人給予許多愛和歸屬的保證。如果，我們獲得回應及保證，我們內在的心理需求就開始累積經驗值，反饋至我們對自己的觀感，形成好的自我概念。

然而，有非常多人，自小就處於心理需求被漠視的狀況：生活不安穩、照顧者的情緒不穩定，更不用說心理需求這回事兒，根本在生活中，是徹底地排除了心理關照。

這樣的人，為了生存，為了過日子，必須成為一個假性自我，把真實的內在隱藏壓抑，做一個配合環境，努力求和，害怕被拒絕及疏離的人，處處以環境中重要他人的想法為想法、感受為感受，盡力地聽話、努力地付出……透過把角色扮演好，來獲取他人的關注及肯定。

可是，在他的真實內在裡，卻始終是一個孤寂、不安、焦慮，及對愛和肯定感到飢渴的人，怎麼也彌補不了……

為什麼怎麼肯定和關注都不夠呢？

因為幼年時期愛的缺乏和情感需求的落空，或是過早經歷到「背叛」，都會使得個體在建立自尊和信任感、親密感及安全感的黃金時期（學齡前），並沒有獲得安穩內在的自我基底，也就無重要經驗值來讓個體體會及感受「自己是有價值的存在」、「我是一個被喜歡和被愛的人」。更多形成的自我概念，反而是負面地否定自己，像是：「我是不被接受及重視的」、「我不重要」、「我沒有價值」、「我不該存在」……等等。

沒有感受過被喜愛、被接納，及被重視的孩子，那些愛與關懷的情感缺失，漸漸侵蝕內在的自尊及自我存在的價值感，雖然表面極力要求自己去討好，及符合他人要的標準及認可，但持續性的情感缺失和回應的落空，讓他的內心漸漸地損傷成一個大破洞——一個再也不相信自己為「好」，不相信自己是「有價值」的巨大破洞。

成年後關係的蝴蝶效應

這種巨大心靈破洞，在生活歷程中，時時都會反映出對自己的懷疑和否定。怎麼看自己，都覺得自己不好，甚至不斷出現疑惑：「我值得存在嗎？我值得被愛嗎？」

弔詭的是，為了不停地鞏固自己值得存在、自己是夠好的、自己是夠優秀的，就必須不停地上演心理遊戲，讓環境及他人來證明自己確實是有價值的。

下列的心理遊戲都帶有某些壓抑在內心的情緒癥結，源頭來自童年所形成的不穩定自尊，及自我懷疑，在成長歷程中，漸漸引發強烈的情緒颶風，使自己內心活在狂風暴雨的折磨及痛苦中，也讓環境中的他人必須痛苦地配合一同演出。

不停地競爭及比較

因為內在無法肯定自己的價值，也無法認同自己為好，透過的方式就是不斷地比較和競爭，只要爭贏了，打輸了別人，才能相信自己「好像」是不錯的、有能力的。然而，這一刻的優越感，很快就會消逝（因此才稱為心理遊戲），於是就必須再尋找下一個競爭對象，努力地贏過心中的對手，才能提升自己內在的低落自尊及虛弱的價值感。玩這類心理遊戲的人，周圍的人際關係都難以真心交往，只是成為一個個假想敵的想像。

永無止境地需要「保證」

內在自我價值感不穩定，對自己也極度不喜愛的人，一旦進入較為親近的關係（無論何種形式的關係，伴侶、親子、同儕、朋友……），就會對關係形成一種不安全感。所謂的關係，就是情感上會牽扯到另一個人，自己某些情感需求會傾向依賴另一個人的支持及安慰。當越是產生依賴，就越恐懼對方的離開或消失，再加上本來對自己就有厭惡和不喜歡的人，更易投射出對自己的觀感，於關係中的對象上，認定對方也是如此厭惡自己及不喜歡自己。於是，這些無法抑止的恐懼和慌亂，就需要不停地確認對方「不會離開我」、「還是很重視我的」，或是「一直都會愛我」。然而，這些「保證」就像是空心的，怎麼也不會被一個不相信自己值得被愛的人接收到，只是淪落到不停追問、不停要保證的輪迴裡。

害怕不被愛的恐懼

就如前述，一個壓根從內心就不喜愛自己的人，即使渴求愛、尋求愛的對象，他的內心也不會相信自己值得被愛。於是，不被愛的恐懼，才是盤旋內心最糾纏自己的聲音。當內在不斷放送的是害怕自己不被愛的焦慮時，他便會難以自拔地陷落在不停找證據，證明對方不愛自己的行為或表情，而變得神經質，不停地起疑心。這種深怕不被愛的感受，根源來自從小就體認自己是不被愛的小孩，孤寂和落寞感是那麼凝重，於是當產生了新關係，就會不自覺地啟動過往的情感創傷，陷入在被遺棄的陰霾中，難以平復。

虛空的內在，虛偽的自我

一個從小就覺得自己的存在沒有價值、不受重視的人，為了要求得環境的接受或生存的安穩，他必須試著去偽裝自我，讓自己的外在表現符合環境的要求，滿足他人的期待。即使內在有屬於自己的感覺和觀點，也必須要壓抑及去除。當他的真實自我，被他自己一點一滴地抹去、一點一滴地否定掉，那麼他會慢慢地成為一個空心的自我，他不知道自己是誰，也不知道自己的感覺和想法，更不知道自己想要什麼或不要什麼。於是，在成長過程的人際關係裡，他只能跟從、順服、配合，卻不知道自己是一個實在的個體，當然對於自己人生的各種情況，也不知如何是好，而要頻頻地更仰賴外在的指引和支配。然而，他以為這樣的順從和配合，終究會有機會，讓外在環境的人肯定及重視自己的價值，卻沒有理解到，不停配合和失去自我自主能力的人，只會不斷地受他人濫用和指揮，是不會獲得他人的尊重和看見的。

以上這些負向循環的人際關係歷程，正是來自內心的不穩定自尊，同時無法從心底肯定自己存在的價值，這些早年情感創傷，是後來引發成年人際關係痛苦的蝴蝶效應。這劇烈的情感創傷風暴，不僅侵襲著當事人的內在空間，同時擾亂了人際間可以建立安穩關係的機會，使得自己和外在關係兩敗俱傷，也讓彼此的生命能量，在懷疑和不停摧殘中耗竭。

你的內在，才是修復自尊的關鍵

一個人沒有從內在修復對自己的觀感和概念，也無法從追求外在的肯定和喜愛中，轉化成自立式的自我肯定及自我接納，那麼，就易迷失在透過要求及索取外在他人的保證及重視，來安撫自己恐懼、焦慮、不安的內在。

然而，沒有一個人可以確保讓你的內心有永不消逝的安全感，唯有你成為自己最忠實的夥伴，成為自己有能力的保護者，你才可能在遇到人生各種情境時，依然不離不棄地陪伴自己面對，也堅定地相信自己能夠度過。

如果你嫌惡，也放棄了與自己的關係連結，那麼和任何人建立的關係，都不會是在互相肯定及相互支持的互惠關係上，你會傾斜地將自己的生命缺口和破洞所形成的殘破自我拋向對方，而造成了早晚會失衡和耗竭的關係。

唯有你懂得愛自己、無條件地支持自己的生命存在，你才可能有能力活在愛的關係裡。讓你所在的關係，因內心有了愛的滋潤及流動，一同具有能量走向成長。

成人的愛，是離開自我中心

若是，只是一個人的獨角戲，或各演各的劇本，那麼，關係，都不是真實存在的。

還不成熟的個體，是無法做到換位思考及以同理心（感受別人的感受）對待別人的。就如孩子時期一樣，只能在乎及關注自己的需求和渴望，思考事情的觀點，也都是從自我中心的主觀出發，而無法真切地了解現實的處境，和他人的經驗。

當我們帶著孩童般未成熟轉化的心理年齡進入關係後，也就無法客觀了解現實，只能站在自己的位置，看待自己的處境，以主觀式的評價，去判定自己和他人的互動情況，卻無法真正地就對方的立場、角度、經歷來認識及了解他的行為背後，都有屬於他的內在歷程，有著他的情緒感受和想法觀點。

所以，愛人之間，時常發生的爭執就是各說各話，無法真實對話和雙向溝通。關係，也總是單向的互動。

曉立和貫忠的關係

曉立和貫忠認識時，他們同在一家企業公司工作，分屬不同部門。在一次員工旅遊時，有了第一次的認識和接觸，漸漸地越走越近，開啟了兩人的感情史。

交往後，兩人發現彼此有很多共同點，像是都從外地來的、都是第一次離家這麼遠、都是愛旅行、愛玩樂，也愛交朋友。所以兩人很快地就覺得情投意合，沒多久兩人就決定同居，讓外地工作的日子，因為對方的存在，而有所依靠和陪伴。

原本，兩人希望同居的快樂日子可多幾年，這種雙方都離原生家庭距離有點遠的生活，日子實在很單純很幸福，不需去顧慮其他家人的關係，假日都是屬於兩人的，想上山或下海都隨心所欲。卻沒想到，剛交往滿一年，貫忠的媽媽，就要求家裡的唯一獨子，盡快讓身體不好的爸爸有孫子可以抱，而以悲情的口吻要貫忠準備辦理婚事。還告訴貫忠，如果他的女友曉立不能同意結婚，就盡快分手，趕緊認識其他女生。

貫忠很為難，他從小到大都有點難招架媽媽的情緒，尤其是那種以自己命苦，或以爸爸會遺憾終生的訴求，來要求貫忠必須要配合父母命令的做法，都讓貫忠不知道如何是好。他很怕衝突，更怕媽媽不高興後，掀起的情緒風暴，讓整家人都指責貫忠不孝，要貫忠聽話。

於是，貫忠把問題丟給了曉立，他告訴曉立，如果她想要兩人有結局，不會面臨分手，那麼就先結婚吧，反正晚結早婚都是結婚，只是比原定的計畫快幾年而已。曉立知道後，雖然覺得太快了，但因為內心很依賴貫忠，極度恐懼面對分手的痛苦，於是曉立告訴自己，不要想太多了，兩人交往了一年這麼快樂幸福，結婚後一定會更幸福的。

曉立不僅說服自己，也說服了自己的爸媽，讓自己二十六歲這一年就結婚，開始了想都沒有想過的婚姻生活。

在婚姻裡，自己仍是一個孩子

曉立結婚後，本以為和貫忠的生活不會有太大改變，畢竟兩人都仍在原公司上班，只有久久一次週末回貫忠家小聚，即使每一回和貫忠回去，婆婆都會讓曉立感覺到壓力，例如問曉立肚皮有沒有消息（懷孕沒）、告訴曉立不要避孕，不然就是要曉立看看公公的身體因為中風那麼虛弱，要讓他抱孫子要快……等等的言語，但是，曉立都盡量忍下來，打哈哈地帶過，克制自己不要產生負面情緒。

但婆婆後來，卻自顧自地安排來到貫忠和曉立的家，一待就是兩三天，每一天早晚都燉中藥給貫忠和曉立喝，要兩人補身好懷孕。

曉立的心裡覺得很不舒服，有一種自己的家被侵入的感受。不只如此，還覺得自己失去了丈夫。只要婆婆出現在他們家時，貫忠就好像只是婆婆的兒子，努力地配合婆婆的各種要求，卻彷彿不再是她的丈夫，眼中幾乎沒有她的存在，也不關心她的感受和想法。

對此，曉立數次地和貫忠表明自己的不舒服和不愉快，希望貫忠能勸自己的媽媽，少一點兒來他們的家，他們有假期時，自然會安排回去。

但貫忠始終沒有明確回應曉立，會主動告訴自己的母親，盡量不要自作主張來他們家。他實在恐懼若是照曉立的意思這樣告知媽媽，這天下一定大亂，或許媽媽會哭喊著罵他不孝，或許媽媽又會像以前罹患憂鬱症時，常常鬧著說：活著沒意義，不想活了。想到這些，貫忠只感覺到左右為難，完全想不出

兩全其美的方式。

貫忠並不想坦承在母親面前，自己是如此軟弱。也不想讓曉立知道自己內心的不安，但他也十分苦惱總是無法讓曉立滿意的狀況。內心持續拉扯，加上無力處理，讓貫忠面對曉立越來越高漲的情緒時，總衝動地脫口而出：「妳已經嫁做別人的媳婦了，婆婆來看妳，又沒有什麼，妳幹嘛那麼有敵意？幹嘛想那麼多啊？」

貫忠只能用這種回擊的方式對應曉立，因為曉立的諸多要求，都是他這一個身為人家兒子做不到的。在身為丈夫和身為兒子的身分上，他無意識地選擇了兒子的身分，他始終掛慮的是他的原生家庭父母的喜怒哀樂。特別是媽媽。媽媽雖然常常自顧自地安排許多事物，都說是為了貫忠好，讓貫忠好氣也無奈，但他成長過程中，確實看見母親為了支撐這個家，任勞任怨，費盡心思。想到母親也沒有享到什麼福，人生幾乎都是為家人而活，貫忠就覺得至少自己娶的妻子，要讓母親滿意和喜歡。

貫忠沒有留意到，自從結婚後，曉立在他的觀點裡，就不再是另一個獨立個體，而是一個在婚姻裡應該像自己母親一樣沒有個體想法、情感、主張、喜好、自由的「配偶」。就跟著他，盡量讓這個家運作正常，沒有衝突。就算無法和長輩情感親近，但觸怒父母的事千萬不要做。貫忠其實一直以一個孩子的身分在他自己的婚姻裡，他要曉立一起學習，如何做這一個家庭的小孩，而不是兩人如何成為自己婚姻裡的成人。

不離開自我中心的位置，如何進入「我們」的關係

當然，對於曉立來說也一樣，並沒有準備好從自我的位置離開，進入一個兩人關係的重新建構過程。對曉立而言，她怎麼也無法接受貫忠不再像戀愛時，那樣地以她為主，處處讓她、事事包容她，讓她覺得自己是被寵愛、接納的。結婚之後，曉立始終有種要和婆婆搶老公的感覺，也覺得貫忠事事都在乎媽媽的反應，聽媽媽的意見，很讓她受不了。曉立覺得雖然自己有了婚姻，卻彷彿經歷到失戀的感覺。這種失戀的感覺，讓她心好痛也好累，同時有許多莫名的憤怒和沮喪。

曉立並不想要為難貫忠，也盡量克制自己的情緒，在自己能量足以應付的時候，也努力說服自己要試著配合貫忠希望的「媳婦」與「妻子」的角色。但是，每當在生活中曉立感覺自己需要一個伴侶的支持時，卻感覺不到那一

個與自己戀愛、成家的「伴侶」存在時，心裡又壓抑不住地感受強烈的失望和孤單。

兩人像是建立了一個家的形式外殼，也努力地維繫著家的形式，卻在家中遍尋不著有愛的實質感受，只感覺兩人待在一個沒有地基、沒有辦法依靠的空殼子裡，搖搖欲墜。

許多人在婚姻裡，正是如此的景況，我們以「我」的立場和觀點，期待著「我」的婚姻、「我」需要的伴侶、「我」想過的生活方式，及「我」認為的關係該怎麼互動。而對另一方，只有滿腹的期待和等待；期待對方能滿足我的期待，然後等待對方能成為我想要的那一個人。

關係，要兩個人都「在」的，才叫關係。

若是，只是一個人的獨角戲，或各演各的劇本，那麼，關係，都不是真實存在的。

「關係」很難也很複雜；複雜在兩個人的「我」都各有想法、需求和渴望；而難的是，我們容易投射過往的經驗，在關係裡既恐懼又防衛。使得「關係」，漸漸地走向相互陌生的岔路。

對貫忠而言，無論在原生家庭或是新建立的婚姻家庭裡，他都無法表達自己真實的想法和感受，他的生命經驗，讓他容易退在女性角色背後，在和女性互動時，把自己隱藏起來，帶自己躲起來，這是他最安全的生存方式，也是最不用承擔亂七八糟情緒糾結的方式。

當曉立進入貫忠的原生家庭時，貫忠無法協助兩方彼此的認識，和協助建立好的關係，反而啟動自己在這個家庭的生存模式，要曉立也壓抑自我，跟著配合就對了。他無法體會曉立的感受，也無法換位思考曉立的立場和角色，究竟會在婚姻關係裡，面對什麼？及遭遇什麼？

我們的社會，從小就在單向關係中長大，因此塑造了我們習慣以自我中心為唯一觀點及角度，判斷及解讀他人，且不需經過任何澄清及證實的過程。如此經驗累積下，雙向溝通及互為主體的關係，我們都陌生且不明白。若沒有重新學習「互為主體」的關係建立，那麼，我們只是不斷地重複那種只有一個人在的「偽關係」，除了要另一個人只能配合演出之外，還不斷地以自己的角度去要求和評斷。

這種只活在各自自我中心的關係裡，終究會讓我們在關係的經驗中，不斷失落，也不斷痛苦，甚至一點一滴地失去，再願意進入關係的熱情和動力。

讓關係中，真的有你有我

關係的發生和存在，乃在於這一段關係裡至少有兩個人：有兩個人的主體存在。若是伴侶愛戀的關係，這個意涵並不只指關係的一開始，是兩個人的相互吸引，還有，當關係要能維繫下去，就需要在兩個不同的個體之間，摸索及建立兩人的互動默契，及增進雙方的彼此了解。

但是，利用「關係」來獲取依賴、滿足的人，只把對方「工具化」，對於對方的感受沒有興趣關注，也對於對方的所思所想沒有興趣了解。既然如此，那為什麼需要這一段「關係」呢？

對自我中心的人而言，目的其實很明確，就是為了自己的需求、自己的期待、自己的渴望。另一個人的需求、期待和渴望，一點兒都沒有在乎的必要，也不需去體會及同理對方內在的經歷。

這樣失去互為主體的關係，只站在自我中心角度，勢必會讓關係中的另一個人的主體，越來越被消融，越來越模糊。不是說「自我」不重要，或是保有「自我」是錯，而是若是關係中的呈現，是一個人拚命地踩在自我為中心的位置上，並且吞噬及消滅另一個人的自我存在，那麼這樣的關係，勢必失衡，後續也勢必引發爭奪及對立，畢竟，沒有人能真正地完全摒棄自我，只為了滿足別人的期待及需求。

成人的愛，是互惠互利的，是相互照顧的，是有能力關照自己也關心別人的。成人的愛，以成熟的完整自我出發，而不是以缺乏愛的孩子心靈出發，自然所營造出的關係，會是截然不同的風景。

莫把伴侶當永不疲倦的「假媽媽」

伴侶其實不是伴侶，而只是一個母親的替身，負責照顧心裡「永恆的孩子」。

現代人流行對著不成熟的伴侶，給予一個個的標籤，像是：「公主病」、「媽寶」、「王子病」或是「巨嬰症伴侶」。在這些標籤裡，都隱藏著一位「永恆的孩子」，想要一直獲得關愛，也想一直在依賴的狀態下，讓別人承擔生命成長所需負擔的責任。

然而，何以會有人始終處於「永恆的孩子」狀態下，抗拒成長及成熟長大呢？就心理學的觀點來說，有兩種可能：一是在原生家庭裡，始終受環境中照顧者的溺愛，以完全沒有限度和界線的方式，供應給這個孩子幾近無止盡的滿足，不論是物質還是情感安撫的提供，都是過度無節制的。另一個原因是相反的，就是在原生家庭中，完全地受漠視，置之不理。受漠視及缺乏照顧的孩子，沒有足夠的引導和供應，來學習和發展個體的能力及人格的自我強度，因此，雖然身軀體格是成長了，但心智功能及自我效能，仍是處於幼童時期的狀態，甚至內心因為時常感受到無助及脆弱，而不停地渴求愛的來源，及可以給予自己照顧及安慰的對象。

愛的氾濫及愛的缺失，形成內心的未滿足

上述兩種「永恆的孩子」，都會形成一種未滿足的心理狀態。

我們以一個比喻來說明，會更加清楚：這就像是我們吃東西，原本是因為餓，所以胃部需要吃東西，這是一個生命存在，很基本的需求。但是，若是一個人他從早到晚，從張開眼睛清醒，到闔上眼睛睡覺，周圍都準備了滿滿的食物，甚至，他整天的任務，只需要吃東西就好，將別人為他準備的食物吃掉，而且，他若有任何想吃的食物，他只要一叫一喊，那食物就被準備好，拿到他的面前，他也只需要顧著吃就好，那麼，他就永遠不需要特別去思考餓了，自己想吃什麼？以及，若是要學習照顧自己、滿足自己，該進行哪些準備和料理。這樣太習慣被安排、被給予，有如豢養的情況，這個個體的自我效能必會受到阻礙，以致人格的自我強度，無法茁壯成獨立，能承接個人生命責任的脆

弱狀態。

另一種情況是，不論怎麼飢餓，好想吃東西獲得飽足，周圍都沒有任何回應，也沒有任何食物供應，個體不得不靠自己去覓食，尋找可以讓自己賴以為生的東西。但因為要活下去，有東西吃就好，不能選也不能要，有什麼吃什麼，以致內心總是有一種感受，想吃的吃不到，不然就是一直有種自己吃到的不是最好的。甚至，因為飢餓很久，才終於找到東西可吃，就會很害怕下一次肚子餓的時候沒得吃。而處在一種恐懼飢餓的焦慮中，時常期待會不會有一個穩固的供應者出現，提供自己時時刻刻的需求，不要再歷經飢餓的恐慌和無助。

若把「吃東西」轉換成「需要愛」，前者被愛寵溺的孩子，覺得被愛是理所當然，甚至因為過多的愛，而不覺得愛有什麼珍貴及需要珍惜。然而，其他人的存在，就是來提供給他獲取愛的滿足的來源。他始終只需要在「被愛」的位置上，卻從來不需要去關注及體會他人也需要愛，甚至從來不需要去學習如何給予自己這一份安穩健全的愛，對這樣的孩子而言，愛是理所當然，愛也應該是以他為中心的存在。而他，只需要一直處於被照顧及被供應的狀態下，其餘的，都不是他的責任。

後者，是在缺愛環境中長大的孩子，對愛的感受，始終在一種缺乏的狀態中，內心空蕩蕩的，情感的連結總是斷裂。在這種情況下，這孩子雖然以最低劣的生活條件長大，但心中壓抑也儲存非常多渴求，對於沒有穩定愛的來源，心中也會有不甘心和怨恨的感覺。漸漸地，那強烈未滿足的空洞與缺乏，形成內心強大的黑色漩渦，那黑色漩渦是一種飢渴飢餓，釋放出的一種「永遠不夠」的吶喊。無論在後來，感受到什麼樣的愛，都覺得不夠、不夠、怎麼都不夠。同時，又有好害怕會再失去的感覺，如果一感受到愛，就想強力占有、強力奪取。

永恆的孩子，永遠需要媽

這樣子說，你是否能明白，為什麼備受寵愛和全然缺乏愛的人，會成為幼稚情人？

無論是前者還是後者，他們始終待在「孩子」的位置上。前者，是一個不斷接受及索取愛的自戀孩子；後者，是一個永遠等待著愛，期待被滿足的飢餓孩子。而這樣的個體，有意無意地就會把自己想成「孩子」，也以「孩子」來稱呼自己，無論究竟生命年齡多長了，這個孩子的位子，卻從來沒離開過，可說是「永恆的孩子」。

「永恆的孩子」永遠都需要媽。任何一個孩子，心中都曾渴望有一位無微不至的母親，這個母親既包容又有無止盡的耐心，並且全然為了孩子的需要而存在。心裡若是持續地處於渴望和需求這樣一位母親的人，現實生活中，就無法離開「母親」，無論是生活中的母親，還是投射出期待的「母親」。

「永恆的孩子」會從周圍環境嗅出誰是「母親」、誰像「母親」。只要從那些人的面容、神情、舉止，及談吐內容，就能篩選出誰是「母親」。這個人可以是長輩親人，更多的是老師、輔導人員或是治療師。

但「永恆的孩子」也有另一個選擇，去找到心中渴求的媽，特別是一個完美的、理想的、永不疲倦的媽，那就是從愛戀關係中，去搜尋和呼喚。

伴侶是伴侶，怎麼變成媽了？

因為，「永恆的孩子」的內在心裡，始終不認為自己有能力可以獨立，也非常害怕自己一個人獨處時的不安和懼怕，生活中處處都感覺自己的弱小或無助感，他們希望的生活，是無憂無慮的，是輕鬆自在的，讓他們活在單純的伊

甸園中，永遠不要進入到可怕殘酷的現實世界，所有現實世界所發生的挫折、痛苦和磨難，若有一個人，始終猶如母親一般的存在，不僅抵擋了所有的困難和殘酷，還能無時無刻給予這個孩子，最安心的無憂無慮家園，那麼，這個孩子將永遠被保護、被照顧，不需擔心會發生任何難以承擔的遭遇。

如果，這個「永恆的孩子」原生的母親，不夠理想，或是原生母親無法供應全程全天候的照顧和供應，那麼這個「永恆的孩子」就需要找到理想母親的替身——假的媽媽，讓假的媽媽負擔起心中所渴求的完美母親的所有功能和條件，永遠不會累不會煩，永遠都是呵護和照顧，永遠只有犧牲和給予，永遠都是安穩地存在著，讓孩子安心依靠。

很多人，對於伴侶的需求和渴望，不就是如此嗎？

在這樣的心裡期待和渴求中，伴侶其實不是伴侶，而只是一個母親的替身，負責照顧心裡「永恆的孩子」。伴侶的存在，只是一個位置，而這個位置上該具有什麼功能及反應，早被設定好。而伴侶這個人究竟是什麼樣的一個人，或是伴侶的感受和想法是什麼？或是他的喜惡及價值觀又有哪些？對於「永恆的孩子」而言，根本都不重要，也沒有關注的必要。

讓伴侶真的只是伴侶，不是媽

可能有些人，會不能認同，為什麼伴侶不能像媽？或者為什麼不能具有媽的功能？在自己感到疲累或脆弱時，我們不都需要伴侶的撫慰和支持嗎？當我們心裡不安、焦慮時，不是需要伴侶讓我們內心感受到一些安穩及依靠嗎？這些都像是母親的存在意義和功能：情感撫慰、安全感給予、愛的保證……等等。

確實，每個人無論長多大了，都渴求安心的依靠、愛的保證和全然的接納，但是人之所以成長及成熟，正是人是有能力從過去被照顧及撫慰的撫育經驗中，去學習夠好且正確的照顧生命的能力，不論是知識、態度還是技能。而這些學習，讓我們不僅能懂得如何照顧他人，更重要的是，能懂得照顧好自己。

而伴侶的關係，不是為了成為母親的替身而存在，而是在同行為伴的人生路上，我們（你和我）都離開了父母，為自己的生命學習負擔起責任，而當我們有幸遇見彼此，在朝向實現自我的路上，我們成為彼此的支持和鼓勵，也成為相互照顧和相互陪伴的重要他人。在兩人共同建立的愛戀關係中，我們是彼此最親近，也最信任及相互了解的那個人。

因此，在伴侶關係中，沒有人需要當媽，特別是不需要去扮演完美的母親，只為了讓某個人一直活在「永恆的孩子」的狀態中，怎麼也不願意清醒過來，回到真實的世界裡。

事實上，被視為母親的替身——假媽媽的伴侶，在關係中，不需要太久，便會開始感覺到疲憊和厭煩，因為你不是真的母親，你也無意要和一個孩子成為伴侶（除非你有戀童的傾向），任何一個成熟的人，都會想要和另一個成熟的人，建立一種互助、互相關愛也互相支持的關係，畢竟人生的現實挑戰及關卡，是每個人都迴避不了的存在議題，沒有人可以一直永無止盡地去擔任伴侶的假媽媽，只負責給對方完全的滿足和無微不至的供應，而將自己想要實現的自我，全然拋開。拋開真實自我的伴侶，又怎麼可能會真實地存在在關係裡呢？

所以，想清楚吧！你的愛戀關係，要的只是一個理想的假媽媽，還是一個真實存在的人？

即使有關係裡的磨合和衝突，只要是兩個成人，都是可以去學習處理和化解的。

停止讓人生腳本設定，成為親密關係的絆腳石

請允許你自己有空間，也允許你自己不完美，
更允許自己可以在關係中，能夠安心地好好學習關係維繫的新能力。

各派心理治療學家，都有一個相近的理論，就是早年生命經驗，是奠定人一生發展的基石。有些學派認為人七歲定一生，有些學派認為六歲定一生，更有學派認為，三歲就可以看出這個孩子後來人生的行為及情緒模式，可能會發生的問題及困難。

在心理治療學派中，有一派別稱為「人際溝通交流分析」（Transactional Analysis，簡稱：TA，PAC），創始人是艾瑞克・伯恩。而其中有一「人生腳本理論」，是由伯恩和一群同事（最有名的就是史坦能）在六〇年代中期發展出來的。之後，有許多人在原有的觀念上繼續建構，而成為後來的TA人際溝通交流分析理論。到現在，自我狀態模式和人生腳本這兩個部分，被認為是TA的核心觀念。

在《團體治療的原則》(Principles of Group Treatment) 一書中，伯恩曾把人生腳本定義為：「潛意識對一生的計畫」。這意指：從小孩剛出生，父母及環境就傳遞許多訊息給他，他會根據這些訊息形成對自己、對別人、對世界的看法。這些腳本訊息的傳遞包括了口語和非口語的方式，小孩以此為架構，做出自己生命腳本裡的重要決定。

就成年人而言，幼年的記憶可能只存在幻想和夢境裡，除非花時間來挖掘並了解自己的人生腳本，否則無法察覺早期所做的決定，但它們會在日常生活的行為中表現出來，從伴侶關係中，更是常發現生命腳本設定的蹤影。

人生腳本的設定是怎麼發生的呢？

嬰兒太小了，身體也很脆弱。對他來說，世界上好像到處都是巨人似的，一個出乎意料之外的聲音都可能代表他的生命遇到危險。嬰兒尚不具備語言與思考能力，只知道如果所依賴的媽媽和爸爸走掉的話，他就會死掉，如果他們對他很生氣的話，就表示他們可能會摧毀他。

嬰兒也沒有如成人對時間概念的認識，如果他覺得餓了或是冷了，而媽媽不在場，可能就是她永遠不過來了。這種情形的結果就是死路一條，甚至可能比死還糟，永遠孤獨地活著。

長到兩、三歲時，可能有了弟弟或妹妹，這個比較大的幼兒已經了解不會因為媽媽沒來就會死，可是媽媽的注意力卻轉移到剛出生的嬰兒身上。這時嬰孩就會陷入恐慌和沮喪：是不是她不愛我了呢？那個小嬰兒是不是會奪走屬於我的一切呢？

在孩童這個年齡，所感受到的威脅就是失去母親的愛。

人生腳本，是兒童早期自我決定所形成，雖然不是受到外力影響，而是主動上的決定，但這些訊息絕大多數由父母傳遞，通過這些口語的訊息，他們形成了對自己、別人和周遭世界的概念。

如果父母是從自己的需求或感受發出的不成熟訊息，並非滿足兒童的需要，所傳遞而出的負面訊息，就稱作「禁令」（Injection），阻止孩子做這做那的。相對的，如果是正面的訊息，就稱作「允許」（Permission）。如果是一個小孩接受父母這些訊息，仍有可能發展自己的獨特潛力，不構成任何威脅，就是「允許」。

然而，孩子從有意識認識這個世界開始，父母大多給予的訊息，都傾向禁止的訊息，因為父母可能內心有對這個世界的不安全感，也有對他人的敵意和不信任，同時有著自己生命存在的焦慮和恐慌，這些通常都以威脅性、恐嚇的、否定的訊息，告誡孩子，或是阻止孩子去探索他的潛能。

這些禁止的訊息，被整理出12種形式：

不要存在（Don't exist）

不應該是男孩（或女孩）（Don't be your sex）

不要像個孩子（Don't be a child）

不要長大（Don't grow up）

不要成功（Don't succeed）

不要做任何事情（Don't）

不要重要（Don't be important）

不要有歸屬感（Don't belong）

不要親近，不要信任（Don't be close）

不要健康（Don't be healthily）

不要思考（Don't think）

不要有感覺（Don't feel）

這些禁令是從複雜的現實生活中歸納出來的，大多是子女從父母所傳達的態度和行為中所作出的結論。通常這些禁令訊息，不是透過口語的傳達，而是透過情緒和身體經驗感受到的。

另外有少數的例子，是因為單次的創傷經驗形成，這對童年經驗造成很大的威脅，因而形成相當強大和核心的腳本決定，例如從小受到父親虐待的小孩，從此決定：「不要親近」、「不要信任男人」或是「不要相信人」……等等。

人生腳本設定，怎麼影響伴侶關係？

一個個體生命腳本設定，既然是壓抑在潛意識的，同時又是來自於早年嬰童時期所感受及體會到的父母禁止訊息，那麼這個人，當然可能一直沒有機會覺察自己究竟有哪些人生腳本被自己默默決定了。人對自己的腳本設定，可說是一直渾然不覺的。

但從伴侶關係或是愛戀關係裡，其實很容易看見人生腳本的蹤影，如何地被投放至伴侶關係中，重現。

例如：有些人只要不和人進入感情關係，都能保持自己情緒的穩定度，做事也很有效率，想達成什麼目標也不是問題，總之就是一個自我效能頗高的人。但是，只要有機會、有可能要和另一個人進入兩人的親密關係，他便會開始處於情緒不穩定，患得患失，害怕對方不愛自己，會拋棄自己，甚至覺得自己一定不會獲得歸屬，這場戀愛注定失敗。

即使，對方根本沒有做出背叛或是讓人起疑心的行為，但只要是進入所謂兩人認定的親密關係，「不要信任」的念頭和焦慮情緒，就會不由自主地一直冒出來。

這樣的自我暗示，也像是一個無法躲避的詛咒，越是恐懼越是照著暗示去實現，彷若冥冥之中，早有一個命定的腳本，只等著自己按著腳本演出自己的角色及命運。

為什麼越是自己所恐懼的，越是照腳本演出？我們狐疑著，也悲觀地認命著，卻絲毫沒有覺察，正是過去生命所經驗的情感缺乏和關係不安全感，讓我們不由自主在關係中，苛求對方的填補與滿足，也害怕對方再次重演在原生家庭依戀關係中的傷痛。然後，再把這些苛求與渴望，不自覺帶進關係，造成雙方極大的壓力和緊張。

創造及經營親密關係，而不是複製及重演早期人生設定

人之所以長大，最重要的一部分就是，我們有學習的能力，能自我提升及自我造就，不再受限於過去早年生命經驗及原生家庭塑造的影響。

當然，在重新學習及自我提升能力的過程，並不輕鬆，也很艱難，就像是人生腳本的設定，總是透過潛意識不斷地讓我們自動產生許多莫名的憂憤、莫名的焦慮。因此，在重新學習及自我提升的過程，總是會有一種前進三步，卻一不注意，就後退兩步的感覺。意識上想做新的嘗試和改變，但內在總是有一股無名的動力，讓自己重複著某些反應、行為和習性，而自控不了。

但是，有覺察，就有機會；有堅持的刻意練習，就能重新組成新的反應模式，特別是關係模式。

如果，以人生腳本設定來說，雖然你可能在早年生活經驗中，感覺到被父母冷落或疏忽，或是始終得不著他們情感的關注，不認為他們的心中有你的存在，而形成對自己生命存在的某些觀感是負面的，並且不知不覺中，就寫下了

對自己人生的設定：「我不是重要的」、「最好不要去感覺」、「我根本不該存在」……但只要你開始意識到這些設定，是你潛意識中時常翻湧而出的感覺，並且進一步地去探索、釐清及辨識可能發生的事件、經歷及遭遇，特別是和童年有關，那麼，你就較於過去沒有覺察及意識時，有更多的可能去重新為自己鬆動和調整設定。

特別是，不再毫無覺察地，就把過去的遭遇和經驗的情緒感受，投射在現今的關係上，還把現今關係中的另一個人，毫不考慮地就聯想成過去某個人，對待你的態度和方式，並立即激起防衛的反應，攻擊對方或切割對方。

我們成年後，開始建立屬於自己的親密關係，無非是想去擁有及發展真正屬於兩個人的情感關係；有兩個人想要的關係品質，也有兩個人一起建構出的互動默契。讓關係是真正地屬於兩個人之間，而不是去複製或重演過去的早期關係，或是輪迴般地總是讓關係結束在相似的結局。

試著讓自己學會「不知道」

人，其實是活在恐懼及不安全感的動物，對於一些未明未知的情況，會有

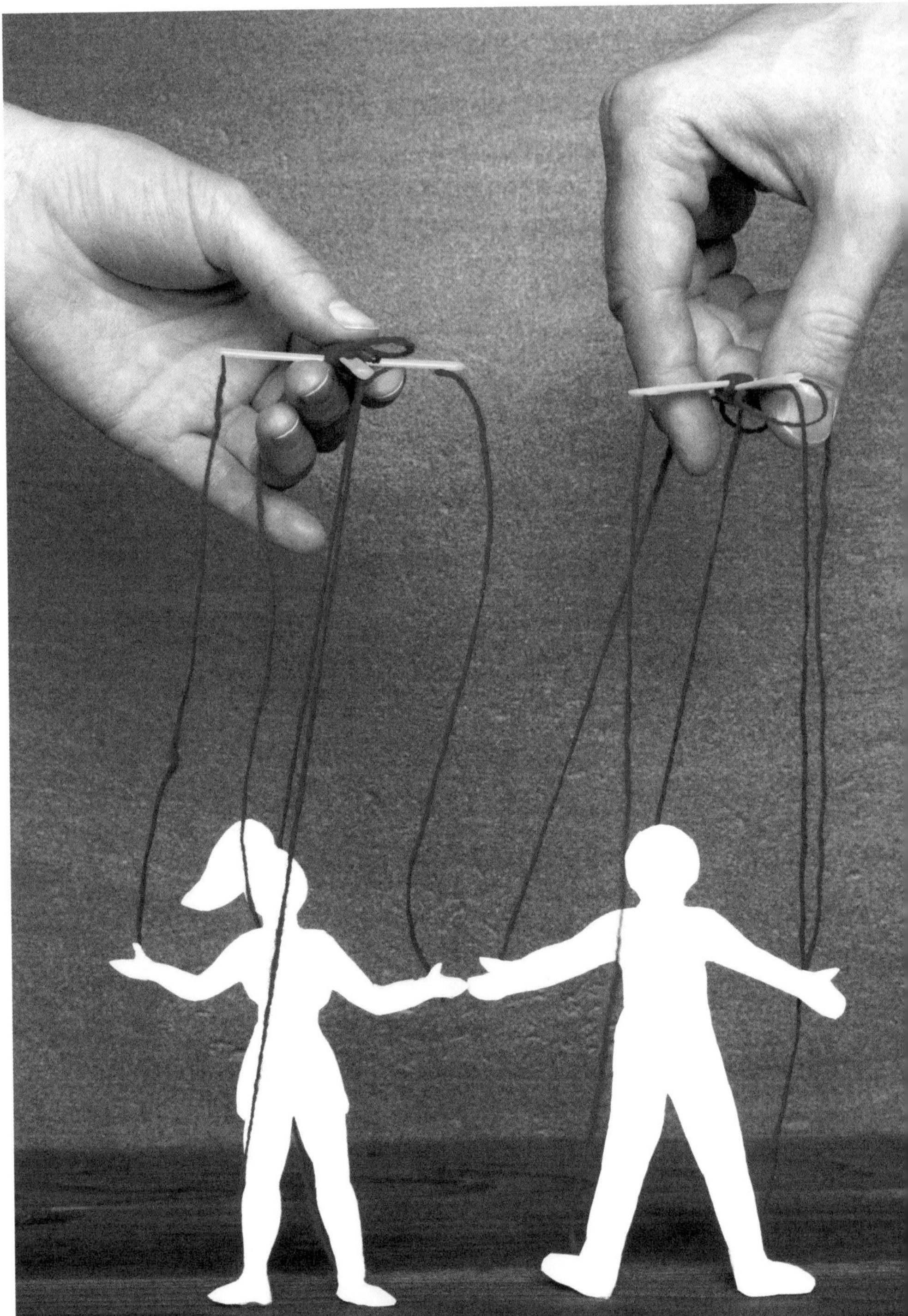

強加解釋的傾向。例如，當你一大早到工作職場，遇見了一位同事，你對他微笑、點頭、說聲早，然而他卻好像沒聽見似的，面無表情，也沒特別回應，這樣的時候，因為無法得到預期的回應，同時陷入一種未知的莫名不安中，你可能就會開始猜想或臆測究竟對方怎麼了？是你得罪他了？還是他不屑理你？或是他有什麼不開心的事發生？

越是容易勾動你的不安情緒的情況，通常你的猜想及自顧自的解釋就越多。但不論怎麼猜想、怎麼臆測，或是怎麼反覆地找理由解釋，都不代表所猜想的就是事實。除非，你去詢問、了解，或是去接觸對方，真實地觀察對方的言行舉止，再來判斷這個情況，究竟是怎麼一回事。

如果，這種未明、未知的情況，發生在感情關係，就更容易激起內在強烈的不安及焦慮，例如：和對方聯絡，無論透過電話還是通訊軟體，內心有不安全感的人，或是害怕自己不被喜歡的人，就可能在這樣的情況下，開始自顧自地猜想和解釋：「對方是不是嫌我煩了？」、「這是不是代表他沒那麼喜歡我了？」、「會不會他其實正在和其他對象在一起？」

通常這種自顧自地猜想和解釋，就已經開始啟動了「人生腳本設定」。往往你會猜的內容和方向，都是投射出你對自己的自我概念，和對你在關係中的早期經驗。過去的早年經驗，我們無從重新認識及理解，往往就用當年當時的心智狀態，去做下自己的判斷和決定，並且牢牢地記在心中，認定自己的主觀感受和知覺，就是事件的全部真相。

結果，你抱著這種未經梳理、未經重整的早年生命經驗，所做下的主觀判定，在後來的關係中，特別是親密情感關係中，認定了別人、認定了自己，也認定了你們的關係會走向什麼樣的結局。

如果，要讓自己重新譜寫新的關係模式，那麼就需先鬆動過去對許多事件和經驗的判定。不再以過往有限的生命經歷，想要延伸及類推到後來不同的其他關係上。

當你可以開始學習「我不知道」，就意謂著你願意讓現在的關係經驗帶領著你，帶你重新感受關係、重新理解他人、重新意會關係該如何互動、該如何進退，又該如何找到兩人的對話空間。放棄以過往的既定認知，或是自顧自地解釋，去妄加評斷彼此，在親密的關係上，我們都需要空間，去重新學習。

請允許你自己有空間，也允許你自己不完美，更允許自己可以在關係中，能夠安心地好好學習關係維繫的新能力。不再受人生腳本設定的支配，不再被早年經驗束縛及綁架，而遺忘了生命具有的內在智慧和創作力，其實都在你的身上。

沒有人「應該」愛你，除了你自己

有人愛我們，當然喜悅，但那樣的需求，不該凌駕於愛自己之上，
有人能讓我們付出愛，這當然也喜悅，
但那也不該取代我們有愛自己的義務。

我們在愛情中，無非渴望的，就是有一個人一直深愛著我，讓我不用擔心被背叛和拋棄，讓我始終感受到愛的滋潤和依靠，讓我在被愛中，幸福地完成我的一生。

雖然，這是人們內心的渴望，但這樣的想法實在是太不貼近真實的人生，因為，人生裡的人性，是非常多變而複雜的，除了人有很多不同的面貌存在之外，人的需求和追求，也會隨著人生階段而有所不同。年輕時不重視的，中年卻十分在乎；中年不以為意的，老年卻難以放下。

當情感走著走著，一切竟有所改變了，曾經的海誓山盟，並不意謂是「假」，而是人生真相裡，沒有一種東西或情況叫做「永遠」。

曾經的鶼鰈情深，為何後來勞燕分飛？

子旭和鍾琪曾經是一對人人欣羨的佳偶，大學時期同班同學，後又共同成家立業，建立他們兩人的小天地。在他們創立的公司，子旭領導，鍾琪輔佐，經營得算是有聲有色。他們的工作默契和同進同出的身影，讓旁人覺得，他們是缺一不可的存在。

鍾琪，一直希望自己擔任一個完美的賢內助，這不僅是自己內心的期許，也是希望讓婆婆知道，子旭娶到她，是最好的一個選擇。她喜歡聽婆婆稱許她有幫夫運，自從有她進門後，家中一切事事亨通。

然而，即使一切看似如此完美，鍾琪結婚八年來，卻始終沒有懷孕的跡象。肚皮沒有動靜，讓鍾琪非常不安及慌張，眼看也過了三十五歲的大齡，讓鍾琪終於下定決心要進行人工受孕。

不知道是否是自己的壓力太大，還是情緒太緊張焦慮，人工受孕還是屢屢失敗。

子旭，看見鍾琪的焦慮和緊繃，常告訴鍾琪要放輕鬆，順其自然，若是沒有孩子了，這也是天注定，別給自己那麼大的壓力。

但鍾琪並不這麼想，她恐懼自己就在這一個「女人的天職」上失敗，把她為這段關係付出的一切完美，都破壞掉了。所以，她用盡方法，遍尋名醫，就是希望能讓她獲得一個孩子，她認為只要有一個孩子，她的婚姻和她的人生，都真的是完美無缺了。

可是，不知道是否是越想得到就越得不到，還是自己身體真的有無法確診的隱疾，鍾琪怎麼都無法順利讓受精卵健康在子宮裡成長。鍾琪在一次一次的挫敗和反覆人工受孕的疲憊中，情緒起伏越來越不穩定，不僅時常易怒，更常無法克制地想攻擊自己。她的內心極度厭惡自己，覺得自己糟糕透了，對別的女人來說，輕而易舉的懷孕，為什麼對自己而言，卻是那麼艱難的任務？

鍾琪甚至開始出現怨憤看見路上的孕婦，特別是聽到孕婦們的笑聲及談論她們的懷孕過程，都會讓鍾琪內心無法安穩。因為如此，鍾琪無心在公司，身心也開始呈現出虛弱無力，不僅人常恍惚失神，許多公司拜訪客戶的行程，鍾琪也無法和子旭同行。鍾琪的狀態，可說是力不從心。

對於鍾琪的失常狀態，子旭感到無能為力。他從沒看過鍾琪如此失常，不僅時常情緒低落及失控，更是處於一種歇斯底里的狀況，好像對這世界都不滿意。子旭甚至認為，現在的鍾琪讓他想迴避，連一種想觸碰她的念頭都沒有，覺得她既可怕又不可理喻，根本很難相處。而偏偏子旭的公司，正在擴張當中，子旭的心思都在公司的營運和新計畫裡，一點兒心力都不剩，哪有氣力去陪鍾琪走出她的憂鬱陰霾及自我嫌棄。

畢竟，子旭還算是壯年，不想在這段讓他覺得兩人都痛苦的關係中，賠上一切，也覺得就算不是鍾琪，也有其他的人會幫助他把公司打理好，他滿心地想衝刺出自己想看見的成功，對於鍾琪，他只能承認自己愛莫能助。

於是，子旭開始夜不歸巢，寧可住在公司。他不想累了一整天後，回家面對鍾琪的冷言冷語或是冷嘲熱諷。他甚至告訴鍾琪，如果兩人都很痛苦，就應該讓彼此都放手，或許他們的緣分只夠走到這裡，不要讓兩人最終成為彼此最痛惡的人。

當初在一起的理由消失了，然後呢？

有時候，人需要「感情」，是因為某些原因或理由。例如：「我想離開原生家庭，所以我必須先找個人帶我走，給我後生的依靠。」或是：「我什麼都有了，獨缺愛情，所以我只要有個對象，我的人生就完美了。」

也可能是，「我想得到安全感，即使不是我所愛的，但他可以讓我感覺到安心，不會讓我害怕被背叛，那就這樣吧！我不想再尋尋覓覓，經歷不穩定。」

或是，「我想證明我是一個有價值的人，我能夠對另一個人付出，讓那個人變得很好，這就是我存在的價值。」

所以，有些人想要「愛情」是來解決某些生活問題。而另一些人想要「愛情」，是要來點綴人生，讓自己完美。

但為了某種理由或需要，而找了一個人進入關係，以為可以得到解決，是終究不會如願的，甚至可能被這樣的理由，反噬，動彈不得，得不償失。

就像是，本來想迴避某個坑，卻因此跳進另一個坑。而不管是這個坑或那個坑，人終將會在這些坑洞裡，跌得四腳朝天，也跌出自己一身的坑坑疤疤。

而不管我們因為什麼樣的一個理由，讓自己義無反顧地進入愛情關係，甚至建立婚姻關係，都不意謂著如此，我們原本害怕的問題就會消失或解決。

覺得自己沒有價值的，還是會在關係裡，看見自己的沒有價值。

覺得自己孤立無援的，還是會在關係裡體認到自己的孤立無援。

覺得自己無法自立的，還是會在關係裡持續地害怕自立。覺得自己想要一個家，還是會在關係裡找不到自己認同的家。

或許，我們真正要學會的，不再是去想像透過關係或婚姻，可以解決自身的存在議題及隱藏內心的坑坑疤疤，反倒是，知道愛情或婚姻關係，都不是不變的存在，它們（關係）有自己的生命歷程，有自己的氣息，也有自己的壽命。這（關係）雖然不能置之不理，總要給予好的照顧和滋養，但當一切已經無法力挽狂瀾，所有的遺憾也相繼而生，那麼，適時接受它的氣數變化，也調解內心面對它的態度和距離，或許是我們最能找到空間，仁慈善待分離後的生命，無論是對自己，還是對於對方。

在成人的世界裡，沒有人「應該」保證永遠愛你

愛情，是大部分的人一生都會渴望和追求的，不論從生物本能有求偶的慾望來說，或是從心理層面的探討，人有需求和另一個同類的情感共依。但是所有的哺乳類動物，求偶和交配都是一剎那的交合交會，不牽扯到「天長地久」和「海誓山盟」。唯有人類，希冀和渴望著恆常，期待著永遠不變。或許，這

是人類身為靈長類的最高智慧動物，比其他物種，更知道無常和瞬間萬變的存在，因此，更恐懼變化的發生所帶來的衝擊和壓力，使我們更加想要找到方式及管道，來確保「改變」不會發生。

只是，無論人類如何地希冀恆常，渴求永遠不變，在真實的世界裡，情感或是關係，卻是生命歷程中，隨時在變化、隨時都受情境和事件影響的。

特別是「愛」這回事。你渴望有一個人無條件，從不改變那些愛你的態度和方式，但是，你其實不知道，追求愛情的開始，有更多的構成，是因為彼此身上有諸多條件的吸引，和當下彼此生命狀態的需要。而為了確認可以成功獲得關係，人們用了許多所謂「愛」的行為，來交換及確定這段關係可以成立、可以開始。但這些行為和意圖，都不會是無條件的愛，相反的，其實是很有條件的交換和共享。

成人世界裡的交換和分享，其實是很正常的運作，在成人世界裡，強調的是互惠互益，也強調合作和結盟。然而，成人世界的合作和結盟，都不是永恆不變的，基於許多利害衝突及彼此理念想法差異，曾經非常密合的關係，也可能走到分道揚鑣。

問題不在成人世界著重的交換和分享，而是人們以孩童時期渴望永恆母愛的那種幻想和期待，進入成人世界，以無條件的愛和包容、相知相守來期待另一個人。於是，我們在成人世界的愛情關係中，一直要求著，期望著無條件的愛、永恆的愛，等著所謂的「真命天子」、「真命天女」從天降臨，完完全全地為了「愛我」而存在。

這真是最美麗，卻也是最天真的幻想。

只有你，能真正地學會無條件愛你，無論有沒有人愛你

這輩子，所有關於愛的誓言和愛的故事，總是一個世紀一個世紀地流傳著，愛情裡，有我們最美的憧憬，也有化解我們人生痛苦情緒的配方。愛情的話題和故事，在人類的生活中，歷久不衰，始終有人類的關注，然而，因為愛情而承受慘烈代價和痛苦記憶的人，也從沒減少。

愛情，其實給予我們學習「愛」的機會，不論是被愛還是愛人。因為這兩方面，我們可能都在早年經驗的愛缺失和情感困乏中，從未學會。但是，在學習被愛和愛人的這兩方面，其實有一個最關鍵的部分，是能讓我們有力量及勇氣，去學習愛人和被愛的習題，這個關鍵部分在於「愛自己」。

若沒有從自己的內在有意識地學習面對自己，特別是成為自己最安穩的信任和親近者，對自己的存在，有著無條件的尊重和關愛，那麼，人在關係裡，便會經歷不停地外求他人的愛，來回應和保證自己的渴求不落空，同時又深信自己是一個沒有條件，獲得他人的愛的生命。不管是愛人和被愛的體驗，都無法內化為對自己值得被愛的相信。

事實上，能夠回應及給予我們無條件的愛，只有神和我們自己。神所給的無條件的愛，是眾生平等，人人都能有自己的領悟，只是時機不同。但自己給的無條件的愛，就需要從內在深處，一步一步解構過去有條件的愛所累積的制約，和對自身生命的評價和標籤。還原任何生命的存在，一開始就單單只因為是生命，就值得無條件的領受喜悅及愛，不帶有他人的眼光和評論，也不需要什麼條件來證明。

當然，這世界的殘酷和現實，讓生命的後來，歷經許多的篩選和分別，也背負不少的標籤和評論，以致離自己越來越疏遠，也越來越難明白無條件地愛自己是怎麼一回事。

有人愛我們，當然喜悅，但那樣的需求，不該凌駕於愛自己之上，有人能讓我們付出愛，這當然也喜悅，但那也不該取代我們有愛自己的義務。因為若失去了你自己、失去了你的主體自我，你所渴求來的被愛，或是奮不顧身地愛人，都只是掩飾你無法愛自己的事實。而你既然無法無條件地愛自己，無法成為自己最安穩的依靠者和信任者，那麼被愛或是愛人，當構成的條件不在了，你便會被打回原形，再次看見自己因為失去愛，而成了自己極度憎恨及厭惡的人。

如果，你願意從生命存在的根本，無條件地賦予自己生命存在的空間和位置，並在人生的過程中，接受他人在自己生命中的來來去去，無論他們來、他們走，都有你體會到的愛人及被愛的功課，然而，這一切並無損傷於你的自尊，也無損失你對自己無條件的愛。

即使，你的人生裡，再也沒有他們的來去，沒有人路過你的生活，成為你愛的課題的啟發者或指引者，你仍因為對自己無條件的愛，是一個有愛的生命，是一個充實因愛而存在的安穩者。

事過境遷之後，才終於看清楚當年的「我們」

那些戀情，總是有讓人難為情的地方，
因此我們總是刻意不再想起，或努力地想要遺忘。

我們的一生，都有過幾段戀情。如果成為了「過去式」的戀情，通常都意謂著有分手歷程的傷痛和悲情在當中。那些戀情，總是有讓人難為情的地方，因此我們總是刻意不再想起，或是努力地想要遺忘。

然而，夜深人靜，午夜夢迴，卻仍是會瞥見在腦海中浮現的他，那曾經對自己的傷害，或是那曾經對自己的疼愛。無論想起傷心，或是想起相愛時，都令你感到惆悵而遺憾，難堪而羞愧。

人心的各種情慾和人性的幽暗，在愛戀關係中，可說是上演最為精采和直接的。無論是貪婪，還是逃避，是占有，還是矛盾，我們都可直接從愛戀關係中，看見人最直接的恐懼，和最不加掩飾的操控。

許多時候，當事情發生了，我們往往也弄不清楚，到底發生什麼事？為什麼情況演變成這樣？為什麼我不想這樣的啊，但還是發生了呢？

他和她之間的競合關係

就像他和她在一起時，明明她是他追求來的；明明得到她，是身旁的哥兒們都羨慕的；明明她什麼都優秀，家世背景優秀、學歷學位亮眼、才華才藝出眾，這種所謂「完美的佳偶」，就是人人說起他們時的最好註解。而他們的人生，就從選擇了彼此為情人開始，似乎就要走向光明燦爛的成功之道。

但是他們在一起相處後，並沒有他們各自想像的快樂，當然也沒有幸福感。兩個人無形之中，出現了微妙的競合的關係，面對外界時，一起合作，演出別人想要看見他們的「登對」模樣，獲得他人的肯定和欣羨。但回到只有兩個人的私底下，他們針鋒相對，都想要拿取關係中的主導權，來讓另一個人順應臣服。他們始終不明白，為什麼對方總是要與自己有那麼大的差異，越是要對方照著自己的意願做，對方就會出現越大的爭執和衝突。而在他們的關係中，他們都看不見，累積了越來越大量的不滿和批評。

雖然兩人勉強走在一起三年，但其實也漸漸地貌合神離。就在一次好友的聚會中，男方因為酒精的催化下，和一位聊得很開心的女性友人發生了性關係，而演變成三人的三角關係，最終，第三者以得勝者的姿態，強行地要男方為兩人的關係負起責任，和前任的三年情感關係，徹底有個結束。

他其實一直沒有弄清楚自己是怎麼回事，也不是很明白他的心裡愛的究竟是誰？是她？還是另一個她？他甚至不確定什麼是愛。他只知道他堅持已久的形象，是徹底地破碎了，他會成為朋友圈所耳語的負心漢，會被指責為背叛者。而他再也弄不清楚，誰會是他的朋友，誰又會是他的敵人？當然，他更不確定回到前任的關係裡，是不是一切會沒事了？還是，他必須永遠背負情感的贖罪者身分，一輩子抬不起頭來。

所以，他躲了，不再聯絡，和兩位女性，都徹底地斷了聯繫，將一切可能接觸到的她們的管道，都封鎖了。接著，選擇一個到境外工作的機會，徹底地離開他熟悉已久的居住地。

難以面對的混亂，讓他逃離

而這一走，一轉眼，九年過去了，他當然已經另外有伴侶，也組成了他的新家庭。但這九年來，他始終逃避回鄉，彷彿家鄉的地方，有一個帶有瘡疤的自己在等著他。他也很難想像，在他沒有任何的告別的情況之下，那兩位女孩如何繼續她們的人生？

但命運終究安排了他必須回家鄉一趟，處理家族事務，當他再踏上家鄉的土地，九年的記憶空白，自然喚醒的是當年的他，為何匆匆地離開這個土地的回憶。他看見自己的恐懼和軟弱，也看見過去的自己，在感情關係中，一直想要的是征服和證明自己的能力。在過去的關係中，他們都把對方視為獲得人生勝利的證據，認為只要可以擁有對方，甚至能夠支配對方，自己就站上更高的勝利者，獲得最大的優越感。

如今，生命的歷練和智慧的累積，讓他深刻地懂了，當年自己的軟弱，讓自己逃避了好好地處理關係的起與落。事實上，在當年的年紀，還未深刻地明白人生的苦與痛之前，他也未深刻地懂了什麼是愛與陪伴。愛戀對他而言，不過是成功人生裡，應該追求的一個附屬品、一個裝飾品。

逃離後的心理陰影

在他逃離了情感的挫折和糾結感受之後，他並未真正地解脫，罪疚感和厭惡自己的感覺，曾經跟了他好長的一段日子。他始終說不清楚，為什麼自己這麼懦弱，像一個做錯事之後，受了傷的小男孩一樣，什麼都不想理，什麼都不想面對，只想舔傷，只想藏起來？

經歷了反覆無數次面對自己和探究自己的過程，他才終於承認了當年自己的幼稚，和逃避膽怯的自己，把那個自己攙扶了起來，允許了自己的害怕和不安，同時，告訴自己，那是無法切割的過去，若是一輩子逃避，靈魂終究會支離破碎。

在回家鄉前，他和當年的女孩取得了聯繫，問了她是否有機會和她見個面，女孩爽快地同意赴約。

雖然，見面的時刻，心情仍是七上八下，往事也歷歷在目，但當他看見了她手上牽著一個小女孩時，臉上有著歲月的痕跡，卻增添了一些母愛的韻味時，他心情平靜了下來。他知道，他和她都努力過著自己的人生，走過當年的挫敗和難堪，他們都試著找到屬於自己的真實幸福。

他聽見了自己對著她說：「當年一定讓妳受了不少苦，我一直欠妳一句對不起，但我相信，不是一句對不起，就能彌補妳所受到的傷害。」

真誠的道歉，讓彼此的陰影消散

她回了淺淺的笑，聲音平靜而豁達：「雖然，我們那段感情，給了我極大的挫折，在那之前，我從來沒有體會過挫折，也不懂痛苦是什麼。但也因為那份難受的挫折，我才終於有機會經驗到自己的脆弱，發覺了自己的不完美。漸漸地，我承認了我和你都並不完美，也開始真正學習究竟什麼是愛。所以，我接受你的抱歉，但我要對你說的，其實是：謝謝！」

那一天之後，他們各自善了彼此相遇一段的關係，真正地讓內在有關這段愛戀的陰影，消散，離去。當心坦然了，就有新的內在空間，好好的感受身邊人的愛與關懷，給自己幸福的允許，不再受過去的支配。

愛情中的傷，是懂得真正完整療癒自己

把過去經歷創傷的自己，用情感擁抱入懷，
給予自己最重要的安慰及接納，還給自己一顆解凍的，
有溫度的心，重新自由地呼吸。

我在許多篇章裡，皆談到從愛戀的關係中，最能照映我們當下內在的心理狀態及需求，還有那些可能未發展的自我、未癒合的早年傷痛，及想迴避的心理陰影。

不論是從一段愛戀關係，或是多段愛戀關係的緣起緣滅之中，皆能讓我們從中更多地認識自己，更多地找回過去失落及四分五裂的自己。

每一段情感關係的聚合離散，都帶來了一個成長的禮物

我們的人生，都有順遂也有不順遂時，就如愛情，有順利時也有顛簸時。

有些愛情，讓你經驗到愛戀的美妙，有些愛情，讓你經歷到愛戀的殘酷；有些愛情，讓你發現你從來不懂愛自己，有些愛情，卻讓你了解到你從未深刻懂得如何愛人。

畢竟我們都是從幼兒階段，進入到青少年對愛情的憧憬，所以愛情的開始，是從懵懂無知開始的。

關於年輕時的愛戀，有極大的成分，是源自於對愛情的好奇，及性慾的衝動使然。莫名其妙地就在一起，也莫名其妙地就漸行漸遠，甚至不再聯絡，也未必能真切地知道，究竟為什麼我們在一起？又究竟為什麼我們分手？

隨著年齡的增長，我們的意識和思考層次，該與生命的成長同步，慢慢地與日俱增，從無法思考抽象、模糊及複雜的主題，到漸漸能多層次地思考，並能進行更多內在（非具體物理）經驗的體會和梳理。我們因此能有更多的覺察及自我探索，回看及重新認知我們究竟在愛戀中怎麼了？那個在愛情中的你和我，是如何地走過相遇、相識、相知，又如何走到不相知、不相識及不再相遇。

每段關係，都可能為我們帶來刻骨銘心的愛戀經驗，也可能同時帶給我們痛徹心扉的重創經驗。如果說，茫茫人海中，我們不是跟每個人都能譜出兩個人的愛戀情感，也不是跟每個人都可以成為佳偶怨偶，那麼，一段關係的發生及存在，再到交會而過，都必為我們的人生帶來深淺不同的影響和交互作用。

這些影響和作用，最大的層面，其實是讓你認識不同的自己，那些未曾被你正視及承認的自己。

小瑜，在某段戀情發展之前，從來不知道她害怕競爭及比較。應該這麼說，或許在過去，她隱約知道自己不喜歡競爭及被比較，但她並不會特別去感受害怕及不喜歡的感覺，雖然有意無意的，小瑜會避開必須和人有所競爭的場合或是情境。例如：坐捷運，小瑜就會特別去人少的車廂，即使要走比較遠。或是看電影，會找冷門的時段，避開要人擠人的情況。就連選擇大學科系，小瑜也會選擇大部分女生不會去選的科系，讓自己不用去經歷必須和一群人競爭鮮少名額的狀況。

這種避免競爭的生存方式，在談戀愛前，並沒有經歷太多的挑戰或衝擊，但進入談戀愛之後，小瑜的夢魘就開始不停增加。

一開始，小瑜害怕男友身邊的女性友人、同學，都比自己出色，總是擺脫不了自己毫無魅力、吸引力的恐慌。到後來，小瑜開始害怕男友心中會不會根本沒有愛她，或許他心中愛的其實是前女友，無法忘懷前女友的好。

不論男友如何向小瑜保證，他是很認真地對待這段感情，也再三說明和前女友已經結束關係，沒有聯絡，但小瑜心中的陰霾和擔憂，還是不斷干擾她的作息，到無法吃無法睡的程度，甚至焦慮起來，有一種心臟要跳出來，全身會發抖的程度。為此，小瑜向男友提出分手，她無法負荷在感情關係中，這種就要滅頂、溺死的感覺。

雖然，提出分手的小瑜很難過，同時很愧疚，但是想到在感情關係中那種快要沒命的焦慮感，她還是無法再堅持下去。

從愛情的阻礙中，看見心靈的潰瘍

對小瑜來說，即使是自己提出分手，但在感情關係中，滿腹對自己的否定和懷疑，也是一種對自己的傷，她真的從中看見自己原來無法肯定自己、喜愛自己的事實。只要把自己放在別人旁邊，就會產生不如人的羞恥感，和覺得自己一定是不好的自我厭惡感。

小瑜不明白這些感受及反應從何而來，好像也沒有什麼具體的原因或事件，讓自己覺得自我的價值是差人一等的。但她想，或許可以從心理書籍試著了解自己，也想要透過心理諮商來幫助自己探索內心這些莫名的情緒感受。

漸漸的，她開始回看她的生命經驗，特別是早年的生活經驗。雖說不能從單一事件就認定是小瑜內心感受和情緒反應的源頭及關鍵，但小瑜開始去了解自己是怎麼長大的？也試著覺知成長的特殊事件，那些時空的當下，自己是如何感受、思考，又是如何去反應的。

她回想起自己幼年時的記憶，有一段滿長的時間，因為父母忙於工作，而把她帶回外公外婆家，託老人家照顧。但外公外婆家，不是只有她這個小朋友，還有舅舅的孩子們。失去父母在旁關照的日子裡，小瑜眼中看到的，都是舅舅、舅媽對他們孩子的關心和照顧。不論是吃飯或是遊戲時，只要是表哥表姊表妹要的東西，她絕對拿不到也搶不到。除此之外，不知道為什麼，外婆也常對著小瑜說，她沒有表姊漂亮，也沒有表妹聰明，要多加油點。小瑜的心裡，其實不開心，卻又不得不接受外婆的勸告，她想，若不是自己真的很笨又很醜，外婆怎麼會這樣說。

小瑜忘了後來是怎麼度過那段在外公外婆家的生活，她只隱約記得，後來回到自己原生家庭的她，好像總是想自己一個人，覺得只有自己一個人的時候最輕鬆、自在。只要在人前，小瑜就不由自主地感到不舒服，恐懼及焦慮老盤旋心頭，害怕又有人會對著她指指點點，說她哪裡不夠好。

小瑜的內在傷痛（自卑、負面的自我觀感、自慚形穢）形成，有一部分的成因，是因為在幼童時期，沒有感受到自己的生命存在是受肯定的。父母親因工作的離去，讓小瑜失去了安穩的依戀親人，而外婆的比較和否定，讓小瑜不認同自己的存在，有所價值。

雖然小瑜後來回到親生父母身邊，但心中所留下的陰影和情感創傷，是小瑜自身不知道，身旁的大人也沒有留意的傷口。爾後，在成長的過程中，傷口被壓抑，成為內心的潰瘍，成為靈魂的隱憂。

在受傷挫敗的愛情歷程中，懂得完整地愛自己

雖然表面上，小瑜的戀情是宣告失敗了，確實也打擊了自我的自尊，產生了挫敗感受，但小瑜從挫敗的感情關係中，感受到自己內心的負面情緒，也瞧見那個有些陌生又有些熟悉的自己，原來那麼害怕競爭和被比較，而這個焦慮的自己、不安的自己、想逃避的自己、充滿懷疑的自己，都是存在的，只是，小瑜尚不知道要如何與這些不同的部分和解、和好，及擁抱這些過去被拘禁在黑暗角落的負面自己。但小瑜，已經踏上療癒自我的起步，所要前進的方向，

是愛回所有部分的自己，學會完整地愛自己。

什麼是完整地愛自己呢？

這是外在的、內在的、本體的、陰影的、已知的、未知的，都願意以無條件的愛，先接納所有部分的存在，不再企圖切割、否認、壓抑，或是分裂。相信所有的部分和面貌之所以存在，都有過往的意義。雖然過往發生的經歷，曾經讓自己痛苦或難堪，讓自己羞愧或挫折，只要漸漸地探索出這些經驗的發生和影響，我們就有機會把過去經歷創傷的自己，用情感擁抱入懷，給予自己最重要的安慰及接納，還給自己一顆解凍的，有溫度的心，重新自由地呼吸。

失去愛情後，找回再相信愛的自己

透過五個歷程的自我陪伴和關懷，讓自己連結回自己，扶持自己，陪自己走一趟療心的歷程，讓自己從失去愛的死氣沉沉中，再度活過來，重新有情有愛地誕生在這個世界裡。

在這世上，沒有人可以向我們保證，一定可以遇見一段生死不渝、終身廝守的感情。即使我們用盡心力，想在情感上，努力地保有一段不變質的關係，我們仍可能遇到了無法繼續走在一起的分手與別離結局。

許多時候，關係的結束，伴隨許多可能的情況：

第一種結束的情況，對方沒有留下任何訊息和原因，突然斷訊，終止任何可能的接觸，留下了一個「不知道自己究竟做錯了什麼」的你。你遍尋想要找到一個解釋的方法，被惡意切割或背棄的你，想要對方的一個說明和對不起，來終止自己無盡的憤怒和自責。

第二種關係結束的情況，是在反覆的衝突和拉扯下，彼此再也沒有餘力繼續維持關係，而是以一種不歡而散的埋怨和憎惡感，相互亟欲擺脫這一段關係。彼此都留下許多對關係的糟糕感受，和一個為何要相遇在一起的悔不當初。

第三種可能的情況是，你不願意離開這一段關係，你為關係努力再努力，想要成為對方不會嫌棄的模樣，你渴望能有這一段關係，來證明你是值得被愛的，可以被呵護及被重視的，卻還是在歷經許多努力後，對方仍是對你毫不保留地輕視、羞辱、責罵、批評，彷彿你真是糟糕透頂的一個人，根本不配在關係裡被好好善待。

關係的分離和結束，總有著各種遭逢和情節。但無論是在什麼樣的情境中，終止了這一段關係的進行，我們都無法毫髮無傷地離開，無法瀟灑輕鬆地放下，邁向下一段情感。

在感情裡受重挫，非傷即殘

越是在情感關係中受重挫的人，越是害怕再和人「發生真實的感情關係」。若即若離，想要有關係卻又推開關係，或是裹足不前，都是我們情感受了傷、殘了心的反應。更多時候，在感情的受挫中，累積滿腔憤怒及委屈的我們，常見的損傷在於，失去對自己的信任，和否定自我的價值。彷彿當愛戀關係消失，就意謂著：「我是一個不值得被愛的人」，以此全面性地否定自己的存在，並因此產生厭惡自己的感覺。

當我們在感情關係中遭遇挫折、悲傷、痛苦及沮喪，並且結束了一段關係，這種種不如預期的失落感，會讓我們感覺到自己一無所有，且感覺到自己的失敗；一種對於自己沒有辦法擁有一段自己想要的關係，所產生的強烈無力感，和自我懷疑。

因此，許多人在失戀或結束關係之後，無法再順利地投入情感到另一段關係，總是有許多揮之不去的擔憂，和不確定感在掙扎。即使好像表面形式上，有新的感情對象，或嘗試要建立新的一段關係，但事實上，內在的焦慮不安和恐懼，卻是內心最常經驗到的混亂情緒。

好好走過療傷歷程，讓情傷是成長的力量

若要能全心投入下一段戀情，擺脫過去的情感創傷或陰霾，就需要走過或

長或短的「療傷歷程」。在療傷歷程中，完整抒發自己的傷心及挫折情緒，並能理性和感性一致地接納分手、失戀的事實。允許自己在充分哀悼中，不偏頗地回看自己在那一段關係中的經歷，從中如實地面對及接受自己的得和失。最後還能走到擁抱回、接納回自己，不因為一段情感的失去和結束，就鄙棄和厭惡自己，以自己為恥辱。

這一段再找回對自己的信任，以及願意再相信愛的過程，有些時候需要獨處、自我沉澱及安靜修復，有時候需要有不同的支持和陪伴力量，來讓自己感受來自人際的溫暖和連結。所以，一直靠自己療傷，和一直向外求陪伴和依賴，都可能缺乏療傷過程中，所需要的資源和療癒助力。

而無論是依靠自己走過脆弱及重傷的歷程，或是依靠他人的協助及鼓勵，所有走過的步伐和跨越的關卡，都是為了朝向一個能再一次充分感知到自己的生命價值，相信自己值得珍愛的方向，對於關係的建立再次懷抱希望，有了願意再冒險、投入的勇氣。

當你失去了一段愛戀關係，在這一段失戀的傷心時期，你需要有一段時間，將關注力放回自己身上，透過五個歷程的自我陪伴和關懷，讓自己連結回自己，扶持自己，陪自己走一趟療心的歷程，讓自己從失去愛的死氣沉沉中，再度活過來，重新有情有愛地誕生在這個世界裡。

首先，第一個歷程，關照自己傷心的情緒：完整抒發自己的傷心及挫折情緒，不要評價和指責自己的情緒允許停留在情緒裡，體驗和感受。若要釋放情緒，可以尋找不傷人傷己的方式，痛快地抒發，例如：在安全的地點徹底大哭、大喊、大聲發洩。將這些具有重量的情緒透過方式釋放，不累積及壓抑，也不強加解釋或標籤。越是單純地抒發情緒、釋放情感壓力越好。不因為情緒存在，而過度解讀、批評或自責，而是透過情緒抒發過程，調節自己的難過和傷心，告訴自己「釋放了，沒事了」。

第二個歷程，接受失戀及分手的事實：許多時候，我們理性認知上，知道已經分手，但往往情感層面跟不上認知的「知道」。所以，情感上我們會藕斷絲連，想要尋找過去的影像，或出現很想念的過去回憶。所以，情感需要更多的時間，和理智同步一致。所以，這在個過程裡，需要對自己的情感有所耐心，慢慢的地以理性的自己，和感性的自己溝通，讓內在一致地接納分手、失戀的事實，確實發生。

第三個歷程，允許自己充分哀悼：要在理性和感性上一致地接受失去的事實，需要一連串哀悼的歷程，來體驗和面對許多已然不存在的事實，例如：無法再享有的特權、無法再共同經驗的活動、無法再分享的私密事件，和許多再也不可能創造的未來……都需要情感加以體驗和感受。並且體悟分離過程，所引發的撕裂和破碎感受，所引發的劇烈痛苦感受。每一次的體驗和面對，都是再加深「已然失去」的現實感，讓我們從傷心的內在世界，漸漸地走回現實的外在世界。

第四個歷程，不偏頗地回看自己在那一段關係中的經歷，從中如實地面對及接受自己的得和失：在回憶過往在關係中的事件和經歷，不過度美化對方，也不過度妖魔化對方。慢慢體會和理解在那些過程的彼此，有各自的渴望、需求、好的性格和負面的性格，有各自的優點和限制。在關係的相處和互動中，有彼此給予對方的美好和傷害。當你可以漸漸明白，在關係裡，沒有人是絕對加害者，也沒有人是絕對受害者，因為我們皆是不完美的人，因此有各自未能成熟以對的時候，也有各自將習性帶進關係中所造成的影響。當能真實和不偏頗地評價出關係中的得與失，這無疑是對自己再一次的探索與認識了。

第五個歷程，接納回自己，重新信任自己：對於遭受失落和挫折的自己，給予無條件的接納，不以結果論去論斷自己的生命的價值。也不以對方的評價及反應，來做為對自己的否定。相信自己的一生，不是只透過這一段關係來定義，所以也不輕率地對自己的生命做了結論。然後試著和自己恢復信任關係，不再視自己為一個讓你失望的人，而是將自己視為一個心疼及要關愛的人。然後，相信自己的可愛。你的相信，會讓你找回一個有愛的力量的自己，一個回到愛的懷抱的自己。

若是你願意透過愛戀過程讓自己成為更好的人，那麼，重要的不是一段關係是否能到天長地久，而是這一段關係，從愛戀開始到消失之間，你是否更加成熟，也更加真實地認識關係是什麼。

即使是一段挫敗和不如意的愛戀關係，若你誠實面對關係中的自己，你都會因此更加了解自己是誰？自己想要的關係和生活究竟是什麼？自己適合共同相處、共同相伴的伴侶是什麼模樣？

如果，你試著不只是關注失去的關係，而是試著以不同的角度及視線觀看這段感情的歷程，或許你不會只是主觀地認定自己的悲慘或不幸，而是可能從這段經歷當中，重整你的生命觀、人生觀及生命信念，然後帶著有所覺知的自己，往想要的下一站，勇敢前進。

我們都不完美，所以才需要彼此

我們有幸相遇相伴，並不是為了干預和干涉彼此的生命課題及任務，
而是在各自的淬鍊中，相信彼此的生命，
都有能力實現一個想要的自己。

為什麼人都不完美，因為我們都會受傷。

在身為人類的本質中，我們脆弱且存在著生存的恐懼，會害怕經驗不安及遭遇挫折的打擊，畢竟，這個世界並非照著你我的期待，運作。

過往那些從小到大的情感受傷，讓人們更恐懼及害怕坦承自身的脆弱，於是，以自己的方式武裝及防衛著，即使手法冷酷、無情，充滿著詭詐，都是企圖掩飾那未結痂的醜陋瘡疤。

那些從出生開始，就需求的依戀關係，到成年後渴望的依戀之愛，在不斷歷經失落及絕望後，我們可能都漸漸失去愛的勇氣及能力。在愛情面前，我們困在各種想像出的幻覺，每個幻覺的空間裡，都有一個害怕需要愛，也害怕不被愛的自己。

完美情人不存在，所以我們才需要彼此

或許，有人在需要愛及渴求愛的過程，屢屢遭挫，因此勒令自己必須自我完美，完美得不再將任何需要希求於他人身上。這可能是一種自我欺騙，仍是企圖否認生命的脆弱及有所限制。

我們在感情關係裡受傷，並不是要我們靠自己堅強，杜絕任何與他人擁有關係的可能，這種將自己的情感需求排除，是否認了我們身為人，都是具有情感存在的事實。在感情關係裡的受傷，重要的是要我們看見彼此的錯待，那種忽略他人及漠視自己的方式，或是控制他人及消融自我的做法，皆會導致關係的失衡及情感的耗竭，而無法真的從感情關係中，經驗到彼此情感的交流及真實的親密感。

我們或許都曾渴望美好的親密關係，但事實上，當有一段關係來到，我們或許並不知道怎麼維繫之間的情感，也不懂所謂的親密關係，到底要如何才能真的擁有「親密」。也就是，我們或許有機緣、有能力開始一段關係，然而，

曖昧的刺激、激情的火花消散後，長期相處為伴，有所思想和情感交流，及一起經歷兩人的重要事件及關卡，才能確切得知我們是否真的有能力一同在這段關係裡，而不是演出一個人的獨角戲。

在一段真實且真誠的關係裡，我們有機會陪伴彼此，探索內心最深處的靈魂，也可能和對方一同遇見了未知的自己，而必須面對自己和對方各個有所衝突和不一致的面貌。

因著在關係裡緊密的互動及交流，自然會出現兩人的摩擦和衝突。有親密關係建立能力的人，也才有能力面對衝突和差異，並調節出兩人新的共識及平穩。若是兩人真的都存在這段關係裡，就不會避免衝突和摩擦，因為衝突和摩擦，正是我們試著離開自我中心，稍微靠近對方位置、走進對方內在的時機。當我們願意一同度過最狂風暴雨的深夜，風雨之後，仍發現心中牽繫的人是彼此，我們就能越了解所謂的「親密關係」是如何走過來的。那並不是風平浪靜的假象，以壓抑及漠然來掩飾心中的挫折及衝擊，而是，就算是有所爭執及衝突，兩人的共識不是為了毀滅彼此、破壞關係，而是讓關係真正地走向有你有我存在的相互支持及厚實信任。

只幻想完美情人存在的，不活在真實的生活中，甚至沒有能力去認識另一個真實的生命。他人的存在，只是提供期待和滿足的機械物，好讓自己持續地活在自我中心所建築的心靈城堡，隔離現實世界的運作，和拒絕面對自我感到無能為力的成長。

如果你深切地放下對完美情人、完美伴侶、完美關係的想像，你會以務實的態度，關注你的關係，認識你的關係，你會持平地看到自己及對方的真實樣貌，而不是以某個理想的版本或是想像，不斷地要求及模塑對方。當你如實地接納你是你、我是我，我們是兩個獨立個體的存在，便能一同了解到，彼此是否適合走在一起，是否有共同的方向和未來，還是，必須接受同行為伴一段過程之後，兩人終要走到彼此祝福、各奔前程的交會點。

擁抱不完美，才能真實地接受別人、接納自己

許多人在感情中，看起來瀟灑，其實是漫不經心，不以為意，以消極的自我面對關係，覺得既然沒有完美的情人，就不斷地更換情人吧！這個不好就換下一個，下一個不好，再找另一個，像是淘汰衣服或鞋子一般地不帶有感情。這樣的反應和態度，並非是接受了人是不完美的事實，反倒是拒絕及嫌棄了人

的不完美。在更換情人的過程裡，人的心中存留大量的比較，這一個有沒有比上一個炫，下一個是不是比這一個條件好。雖然表面上，並不執著於要某個對象，滿足自己方方面面的期待和需求，但事實上，他在關係裡，仍是以主觀的位置，認定他人的存在，只是供應他生活的需求，不論是滿足他的炫耀心理，還是優越感，或是讓內心的永恆孩子，可以獲得永不停歇的安撫及照顧。

擁抱不完美，是從生命的過往，深入地覺察到每個人的出生、成長過程，乃至成年後，有太多際遇的不同。環境及家庭的塑造和影響，確實塑造了我們的性格和溝通模式。我們沒有完美的幸福童年，也沒有完美的父母及家庭，當然也不會有所謂的完美自己。我們各自被形塑和被影響的部分都不同：性格、情緒模式、觀念、價值及倫理觀，及面對問題的態度是積極的還是消極的，都有很不同的展現。

進入一段親密關係，是認識對方的過程，也是重新地認識自己。但若是以關係的名義或愛的名義，就想重新塑造及改變另一個人生命累積的各個部分，像是性格、情緒模式及行為，不僅誤解了關係的意義，也高估和誇大了自己的能力。

其實，一個人對待自己，能領悟擁抱不完美的自己，進而整合及協調出一個完整自我，才可能在關係裡，安然接納對方的不完美，並明白對方也要在自己生命的遭逢中，整合及協調出一個完整的自我。

我們有幸相遇相伴，並不是為了干預和干涉彼此的生命課題及任務，而是在各自的淬鍊中，相信彼此的生命，都有能力實現一個想要的自己。而我們能做的，是在自己能力所及之處，支持、鼓勵，肯定對方生命存在的意義，及他一生所做的付出和貢獻。

愛情的歷練，不是為了追求完美的關係，而是當自己內在的英雄

童年的我們，聽到的故事或是看到的卡通，總是影響了我們的思維，以為拯救這個世界，需要某個真英雄的存在。當我們待在自己的人生無助位置，或是總是無法滿意自己的人生處境時，心中便悄悄地幻想拯救自己的英雄能快快出現，帶自己超越生存的困境，或是拯救了自己的心，讓自己可以稍微地喜愛自己的人生一些。

然而，人生一趟，誰都必須面對自己的現實生活及問題，誰都有各種人生難關及挑戰，沒有人真的可以不去面對成長所需擔負的選擇及承擔責任。

如果你明白了，便能知曉我們都是英雄，是自己人生的英雄，帶自己一路穿山越嶺，長途跋涉，走過漫漫白天黑夜，為的就是看見一個蛻變的自我，具有內在力量洞察走過的人生路，因而對人生有了一種豁達，懂了沒有什麼經歷是白走的，也沒有什麼過程是多餘的，一切都是為了完成此生的自己。

當然，人生有磨難也有痛苦，所以，英雄也會落難落魄和落淚。愛戀的經歷，讓我們經驗到自己是會感受到椎心之痛的血肉之軀，因此我們在人生的奮鬥及對抗中，才有機會因為深刻的體認到自己會受傷，而對同類同伴、對生命，多了衝撞之力以外的仁慈和寬容、良善和體諒。

我們之所以能活出自己生命的英雄，是經歷了關係和生活的各種歷練，在每一段不同的關係中，我們不是死守在受害者的位置，反芻著他人的負心和背叛情緒，而是為了從困頓中、跌落中，真誠面對自己過往無知的天真，及過度誇大的想像，不僅懂得修整自我，也更加地走進這個真實的世界。

我們不需要成為完美的人，也不需要求他人成為完美的人，回歸人生的真實，雖然我們會負傷，但我們也在為自己治傷的過程中，成為最忠實良善的保護者，成為支持自己義無反顧的英雄。

在生命的旅程中，我們雖然都不完美，但因為彼此的相遇，我們超越了自己有限的視角，從自己內心的象牙塔移動，真實地接觸這千變萬化的世界，也更多地看見自己和他人的生命主體，都是不可抹滅的存在。

然後，從彼此的不完美中，我們領略了，接納才能讓我們心中和平，讓心理的地位平等，不是膨脹自己，也非矮化他人。

我和你，無論在愛情歷程中，如何相遇及別離，如何緣起及幻滅，都值得謝謝彼此曾經的善待，及曾經的同行相伴。讓我們的人生路，不是只是孤獨地前進，還有生命與生命短暫交會過的溫暖。

國家圖書館出版品預行編目資料

完美情人不存在：從愛戀關係的內在陰影和心理投射中覺醒，破除愛情幻覺 / 蘇絢慧著.--初版.--臺北市：平安文化. 2018.04
面；公分（平安叢書；第0588種）（兩性之間；41）

ISBN 978-986-96077-4-2（平裝）

1.戀愛 2.兩性關係

544.37　　107003499

平安叢書第0588種
兩性之間41

完美情人不存在

從愛戀關係的內在陰影和心理投射中覺醒，破除愛情幻覺

作　　者—蘇絢慧
發 行 人—平雲
出版發行—平安文化有限公司
台北市敦化北路120巷50號
電話◎02-27168888
郵撥帳號◎18420815號
皇冠出版社(香港)有限公司
香港上環文咸東街50號寶恒商業中心
23樓2301-3室
電話◎2529-1778　傳真◎2527-0904
總 編 輯—龔橞甄
責任編輯—張懿祥
美術設計—王瓊瑤
著作完成日期—2017年12月
初版一刷日期—2018年4月
初版二刷日期—2020年7月
法律顧問—王惠光律師

讀者服務傳真專線◎02-27150507
電腦編號◎380041
ISBN◎978-986-96077-4-2
Printed in Taiwan
本書定價◎新台幣320元/港幣107元